中公新書 2445

渡辺克義著

物語　ポーランドの歴史

東欧の「大国」の苦難と再生

中央公論新社刊

まえがき

ポーランドは、ヨーロッパにあっては小国ではないのだが、なにかと誤解されやすい国のようだ。ポーランド人自身は、ポーランドはオランダとよく間違われるという。これは英語の Poland と Holland の類似によるのであろう。一方、日本では、ポーランドはポルトガルとよく間違われる。一五四三年に種子島《たねがしま》に漂着したのがポルトガル人であったことが学校の歴史教育で強調されているのが主な理由なのかもしれない。

ポーランドは「平時には」注目されることがほとんどない。実際、日本のマスコミでは何ヵ月にもわたって、ほとんどまったく報道されないこともごく普通である。報道があるとすれば、騒動がらみのことが少なくない。

このように、ポーランドはあまりなじみのない国ではあるが、その歴史は日本史の場合とは大きく異なったエピソードで充ちており、たいへん興味深い。

ポーランドは悲劇的な歴史を持つことで知られる。ロシア・プロイセン・オーストリアによる三国分割の結果、一七九五年から一九一八年までの一二三年間独立を喪失していた（次頁の地図④を参照）。独立を回復し、自由を謳歌《おうか》したのも束の間、第二次大戦勃発《ぼっぱつ》に伴い、ヒトラーのナチス・ドイツとスターリンのソ連に祖国を分断され、またしても苦難の歴史を歩むこととなった。アウシュヴィッツの悲劇もこの時代に生まれた。大戦後は再び独立国となるが、ソ連による間接統治が半世紀以上にわたって続いた。このような、ポーランドの悲運はその地政学的位置ならびに地理的形状に由来する。すなわち、天然の障壁と言えるものを持たない平坦《へいたん》な国土であることに加え、周囲を超大国に囲まれていたことから、国を蹂躙《じゅうりん》されることにつながったのである。

ポーランド史は「抵抗と挫折《ざせつ》」という言葉で語られることも多い。その言葉どおり、独立を喪失している時代にあっても、ポーランドの民は抑圧に耐えるだけではなかった。この国の歴史を繙《ひもと》くと、「蜂起《ほうき》」と名の付く事件をたびたび目にする。「抵抗」こそ、ポーランド史のキーワードと言っていいだろう。しかし同時に、蜂起は毎回のように失敗し、その後が「挫折」で彩られるのもまたポーランド的であった。ともあれ、過酷な運命に打ち克《か》ち、不屈の精神を備えたポーランドの民の歴史に感動を覚えないわが同胞はいないであろう。

翻って、ポーランドは中世においてヨーロッパ随一の大国であった。今日でも面積と人口（とりわけ若年人口）の点で、多大な潜在力を秘めた存在である。ポーランド史が悲劇一色で

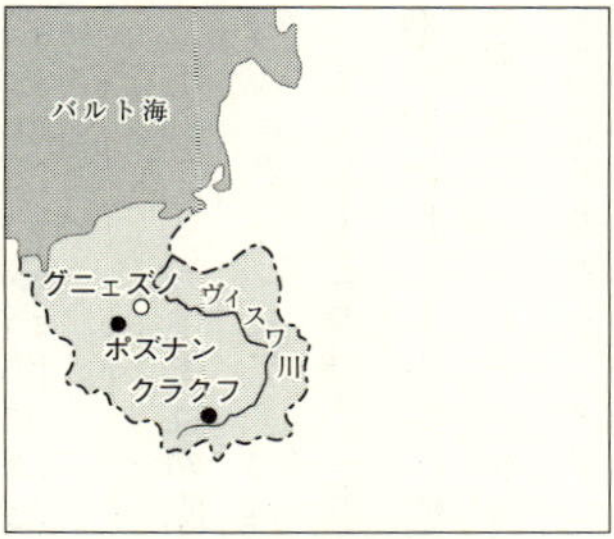

① ポーランド王国の黎明期
（10〜11世紀）

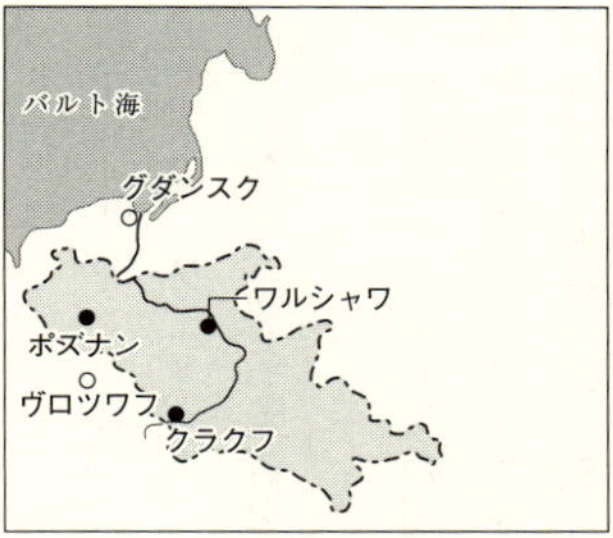

② カジミェシュ大王の治世
（14世紀後半）

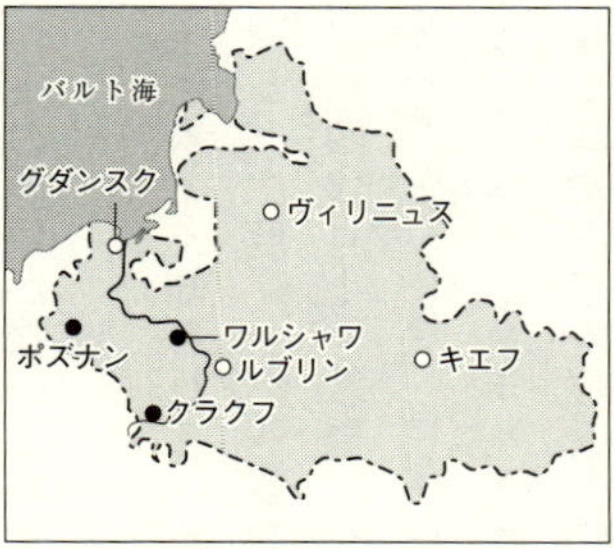

③ ポーランド・リトアニア連合王国
（16世紀半ば）

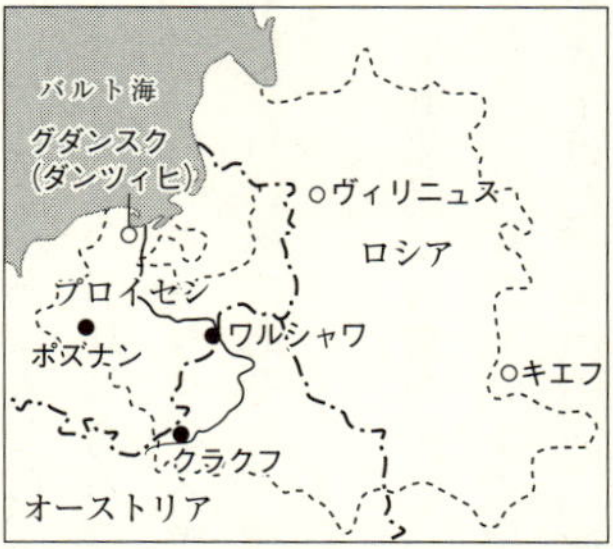

④ ポーランド分割後
（1795〜1918年）

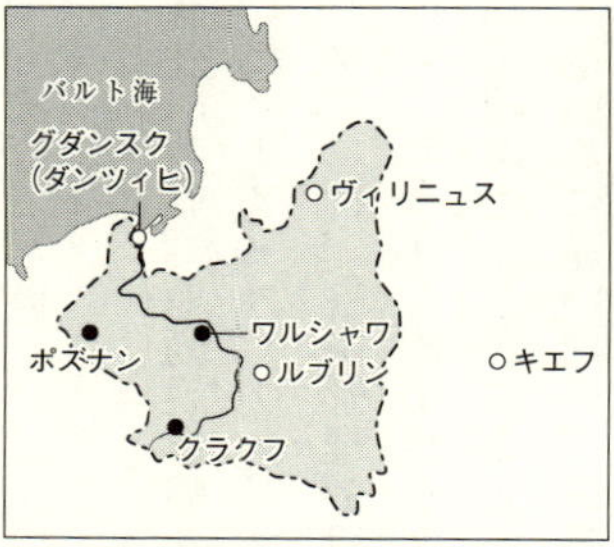

⑤ 両大戦間期
（1918〜1939年）

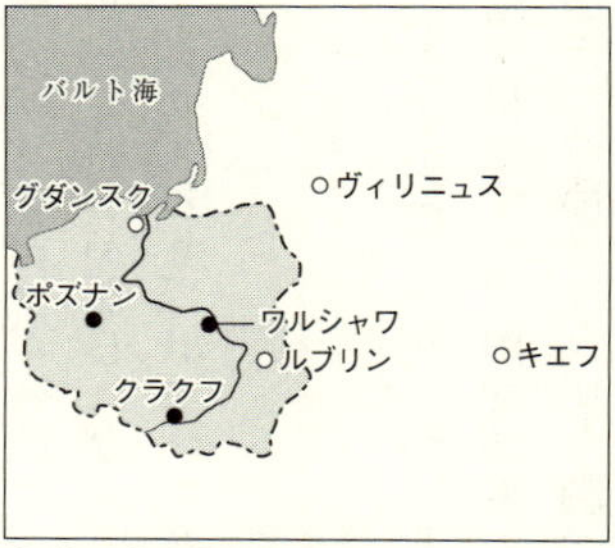

⑥ 第二次世界大戦後
（1945年以降）

彩られているわけではないし、将来の展望がないということでも決してない。

ポーランド生まれの偉人は日本でもよく知られている人が意外に多い。地動説を唱えたコペルニクス、ピアノの詩人ショパン、二度ノーベル賞を受賞したマリア・スクウォドフスカ＝キュリー（キュリー夫人）、第二六四代ローマ教皇ヨハネ・パウロ二世、自主管理労組「連帯」委員長（のちに大統領）のワレサの名なら、どなたもご存じであろう。ノーベル文学賞受賞者のシェンキェヴィチやミウォシュやシンボルスカの作品を読んだことがあるという人もいるであろう。スタニスワフ・レムのSFを愛読している人もいるに違いない。国際共通補助語エスペラントについて聞いたことがある人なら、創案者のザメンホフが帝政ロシア支配下のポーランドの都市ビャウィストクの出身であることを知っているかもしれない。映画通の人は、ワイダ、カヴァレロヴィチ、キェシロフスキ、スコリモフスキ、ポランスキ、ホラントなど、著名監督を何人も挙げられるであろう。

日本とポーランドの間には歴史的秘話にも事欠かない。福島安正《ふくしまやすまさ》少佐（当時）が一八九二年から翌年にかけてベルリンからウラジオストクまで単騎横断を果たすと、国文学者の落合《おちあい》直文《なおぶみ》は長編詩『騎馬旅行』を書き上げた。その中の「波蘭《ポーランド》懐古」の部分は哀切な調べの軍歌となり歌われた。歌詞には次のような一節がある。

独逸《ドイツ》の国もゆきすぎて　露西亜《ロシア》の境にいりにしが
さむさはいよよまさりつつ　ふらぬ日もなし雪あられ。

さびしき里にいでたれば　ここはいずことたずねしに
聞くもあわれやそのむかし　ほろぼされたる波蘭《ポーランド》。

日露戦争が勃発すると、ピウスツキとドモフスキという政治的に敵対する二人のリーダーがはるばる日本を訪れ、日本の当局者にそれぞれの立場から働きかけを行っている。

一九二〇年と二二年には、シベリア残留ポーランド人孤児（総勢七六五人）が日本赤十字社などの協力により本国に送還されるという出来事があった。孤児は、一月蜂起（一八六三―六四年）などでシベリア流刑に処せられた人たちの末裔《まつえい》である。孤児たちの一部は祖国に戻ったあと、「極東青年会」を組織し、日本大使館と交流するなど、日本との親善を深めた。

「六千人の命のビザ」で知られる外交官・杉原《すぎはら》千畝《ちうね》は、ポーランド人を通じて多くの重要情報を入手していた。駐スウェーデン・日本公使館付武官の小野寺《おのでら》信《まこと》もまたポーランド人間《かん》諜《ちょう》から得られる情報を重視していた。

映画監督のアンジェイ・ワイダは一九四四年にクラクフで、大富豪フェリクス・ヤシェンスキが蒐集《しゅうしゅう》した日本美術品を目にし、感銘を受けた。このことが、後年、監督が日本美術技術センター・マンガ館（現在の日本美術技術博物館「マンガ」館）を開設することにつながった。


小著は、一般向けに記したポーランドの通史であり、入門書である。特段の予備知識がなくても通読できるよう平易な記述を心がけた。本書では現代史の記述に多くの紙幅が割かれているが、これは今日のポーランドの姿に直接影響を及ぼしているのが現代史にほかならないとの判断によるのだが、同時に筆者の専門が現代史であることとも無関係ではない。

わが国ではポーランド通史が複数刊行されており（巻末の主要参考文献を参照）、それぞれに個性的で、また優れている。本書が屋上屋を架すことにならないようにと願うばかりである。この新書でポーランド史の概略を把握された後は、ぜひそちらの文献にも手を伸ばし、知識を深めていただきたい。

目次

ロシア（飛び地）
ヴィリニュス
リトアニア
エルブロンク
スヴァウキ
ビャウィストク
オストロウェンカ
ベラルーシ
トレブリンカ
プウォツク
ワルシャワ
シェドルツェ
ウッチ
ソビブル
ラドム
ルブリン
マイダネク
キェルツェ
ベウジェツ
スタロヴァ・
ヴォラ
クラクフ
ノヴァ・フタ
ウクライナ
スロヴァキア

ポーランド
グディニャ
ソポト
グダンスク
(ダンツィヒ)
マルボルク
ヴィスワ川
シュチェチン
ヘウムノ
ビドゴシュチ
トルン
ドイツ
ベルリン
ニサ川
(ナイセ川)
ポズナン
グニェズノ
オドラ川
(オーダー川)
カリシュ
レグニツァ
ヴロツワフ
チェンストホヴァ
カトヴィツェ
オシフィエンチム
(アウシュヴィッツ)
プラハ
チェコ

訳者名がない訳文は、原則として著者による訳（または監訳）である。

物語　ポーランドの歴史

序　章　王国の黎明期

初期ピャスト朝

七世紀頃から、現在のポーランドにあたる地に、定住し農耕を営むいくつかの部族が現れだした。それらの部族で中心的な存在だったのは、ヴィエルコポルスカ（オドラ川支流のヴァルタ川の流域。中心都市はグニェズノとポズナン）に定住したポラニェ族と、マウォポルスカ（ポーランド南部。中心都市はクラクフ）に定住したヴィシラニェ族である。しかし、後者は八七五年頃にモラヴィア（現在のチェコの東部）の支配に入った。ポラニェ族の君主ミェシュコ一世（在位九六〇頃―九九二）は周辺の諸部族を統合して、政治的統一を達成した。十二世紀に編纂《へんさん》されたポーランド初の年代記『匿名のガル年代記』によれば、公家はピャストを始祖にシェモヴィト、レシェク、シェモミスウの三代を経てミェシュコ一世に至るというが、歴史上その存在が確認されているのはミェシュコ一世からである（ミェシュコに始まるポーランド王家の略系図は六頁参照）。九六六年、ミェシュコはキリスト教を受容する。『年代記』はミェシュコの〝改宗〟を次のように伝えている。

その時においてもなお、誤った異教の教えに包まれたまま、自国の慣習に従って淫《みだ》らにも七人の妻を持っていた。その後、ドンブルフカという名の、キリスト教信仰に厚い一人のボヘミアの女を妻に求めた。しかし彼女は、ミエシコがこの誤った慣習を捨て、自らキリスト教徒となることを誓約しなければ、結婚には応じられないと言った。こうして、ミエシコが異教の慣習を捨て、キリストの信仰による秘蹟《ひせき》を受け入れることを同意した時、かの気高き女は、壮麗な聖俗の随臣をひきつれてポーランドに入った。

（荒木勝訳）

この際、ミェシュコ一世はバイエルン公国の聖職者から洗礼を受けたが、これは東方への布教を狙《ねら》うザクセン公国（現在のドイツ北部に所在。南部のバイエルンと対立していた）の聖職者の配下には入らないとの意思を示すものであった。

ミェシュコ一世の子ボレスワフ一世（勇敢公。在位九九二―一〇二五）は、一〇〇〇年にグニェズノに大司教座を置き、ポーランドが独立した教会組織を持つことを示した。また同公はボヘミア王国（現在のチェコの西部）の首都プラハに遠征し、これを支配下に置いた。しかし、これにより三次にわたって神聖ローマ帝国との戦争（一〇〇三―一八）を余儀なくされた。この間、ポモジェ（バルト海沿岸地方）はポーランドの支配から抜けている。一〇一八年にブジシン（ワルシャワ近郊の地名）で和約を結び、ボレスワフ一世は征服地の一部を維持した。一〇二五年には、グニェズノでポーランド王として戴冠式《たいかんしき》を挙行した。

ポーランド王家略系図

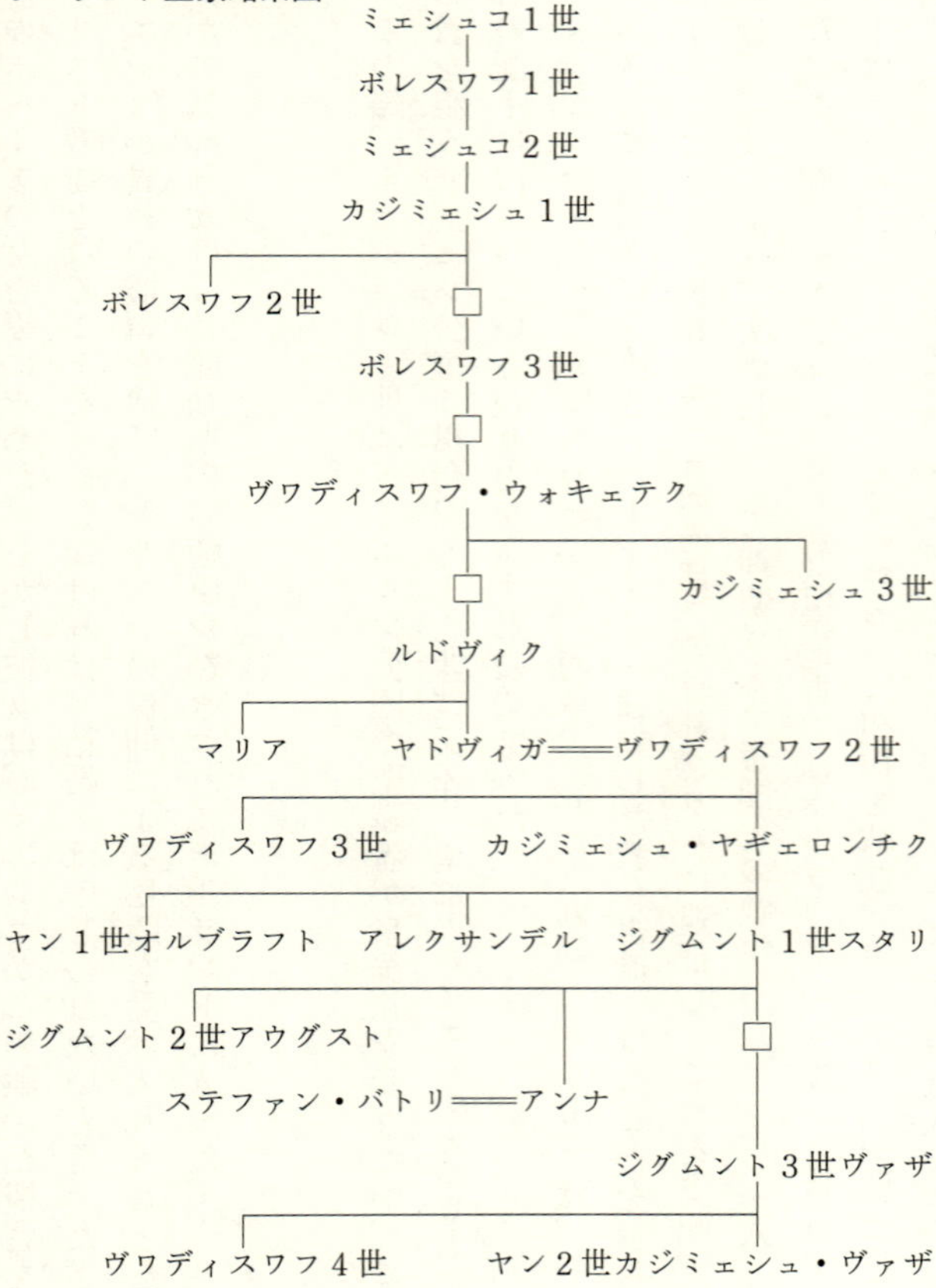
ミェシュコ1世
ボレスワフ1世
ミェシュコ2世
カジミェシュ1世
ボレスワフ2世
ボレスワフ3世
ヴワディスワフ・ウォキェテク
カジミェシュ3世
ルドヴィク
マリア
ヤドヴィガ
ヴワディスワフ2世
ヴワディスワフ3世
カジミェシュ・ヤギェロンチク
ヤン1世オルブラフト
アレクサンデル
ジグムント1世スタリ
ジグムント2世アウグスト
ステファン・バトリ
アンナ
ジグムント3世ヴァザ
ヴワディスワフ4世
ヤン2世カジミェシュ・ヴァザ

次のミェシュコ二世（在位一〇二五―三四）は王国の維持に失敗し、一〇三一年にボヘミアに亡命した（翌年、帰国）。一〇三四年にミェシュコ二世が没すると、農民反乱やボヘミア軍の襲来などにより、ポーランドは混乱の時を迎えた。しかし、カジミェシュ一世（復興公。在位一〇三四、一〇三九―五八）により再興する。同王は在位中（一〇四〇年頃）に、クラクフに遷都している。ボレスワフ二世（豪胆公。在位一〇五八―七九）の時代に至り、教会制度も再建され、ようやく国家は安定を見た。ただ、この安定も長くは続かなかった。

ボレスワフ三世（口曲《くちまがり》公。在位一一〇二―三八）の治世、ポーランドに対する宗主権をめぐって、神聖ローマ帝国と争い（一一〇九年）、またしても混乱に陥った。ポモジェを奪回するが、結局はポーランド全体を帝国の封土として認めざるを得なくなった。加えて、ボレスワフ三世は五人の息子に国を分割して与え、政治的統一は長期にわたって叶《かな》わなかった。十三世紀以降に異民族の侵入が相次いだことも、ポーランドの統一にとって不運であった。侵入の一つはタタール（モンゴル軍）によるもので、一二四一年、同軍はシロンスク（ポーランド南西部の地域名）のレグニツァにまで至り、国土を荒廃させたのち撤退した。

宿敵ドイツ騎士団

十三世紀にドイツ騎士団はポーランドにとって最大の脅威となった。この騎士団は第三回

農民の嘆願に耳を傾けるカジミェシュ大王　王冠をかぶった人物．マルチェッロ・バッチャレッリ画

十字軍遠征（一一九〇年）の際に創設されていた。マゾフシェ侯コンラト（マゾフシェの中心都市はワルシャワ）は、一二二六年、バルト海沿岸の異教徒であるプロイセン人やリトアニア人をキリスト教化するため、騎士団を雇い入れた。一二三〇年にやってきた騎士団はヘウムノやトルンなど、次々と都市を築き、ポーランドを圧迫した。ドイツ騎士団は一二三七年に刀剣騎士団（リヴォニア騎士団。リヴォニアは現在のラトヴィアからエストニアにかけての地域）と合同し、いっそう強大となった。

一三二〇年、ヴワディスワフ・ウォキェテク（在位一三二〇―三三）がクラクフでポーランド王として加冠され、再統一の機運が高まったが、ドイツ騎士団の勢いは増すばかりで、統一の前途は多難であった。
ヴワディスワフの子カジミェシュ三世（大王。在位一三三三―七〇）の治世となり、経済改革や防衛力強化などにより、国力は回復傾向にあった。しかし、一三四三年のカリシュの和約で、ドイツ騎士団にグダンスクとポモジェを奪われた。カジミェシュ大王（ポーランド史上で唯一の大王）の時代には、クラクフ大学が創立される（一三六四年）。また、二六の都市に市壁が設けられ、五一の城が築かれた。十五世紀の年代記編纂者ヤン・ドゥゴシュが、カジミェシュ大王を「木の国から煉瓦《れんが》の国へ」とポーランドを変えた王と評した所以《ゆえん》である。

コラム　ポーランドの主要都市

ワルシャワは現在のポーランド共和国の首府。最長の河川であるヴィスワ川（一〇四七キロメートル）の中流で東西両岸に跨《また》がる。人口一七四万人（二〇一七年現在の数値。以下同様）を数えるポーランド最大の都市であり、政治・経済・文化をはじめ、あらゆる点でこの国の中心都市である。一五九六年にジグムント三世が南部のクラクフからここに遷都して以降、四世紀以上の首都としての歴史を持つ。ワルシャワ公国、ワルシャワ・ゲットー蜂起、ワルシャワ蜂起、ワルシャワ条約機構など、「ワルシャワ」を冠した歴史的名称・事件は日本でもよく知られる。

グダンスクは人口四六万人を数える、バルト海に臨む港湾都市。ドイツ名ダンツィヒで有名。自主管理労組「連帯」の発祥地としても知られる。

マルボルクはヴィスワ川の支流のナゴト川沿いに位置する地方都市。人口三万八〇〇〇人。一二七四年にドイツ騎士団が築いたマルボルク城（一九九七年、世界遺産に登録）があることで知られる。

トルンはヴィスワ川沿いに位置する、機械・化学・繊維産業の盛んな都市。人口二〇万二〇〇〇人。地動説を唱えたコペルニクスの生地としても知られる。一二三一年にドイツ騎士団が築城した後、ハンザ同盟（北部ドイツ商業都市の連合体）の都市として繁栄した。

ポズナンはオドラ川の支流のヴァルタ川沿いに位置する、ポーランド西部の経済・文化の中心。人口五五万人。一九五六年六月のポズナン暴動で有名。

ウッチは人口六九万人を数えるポーランド第三の都市。一八二三年以降、ポーランド王国の政策として工業化（特にドイツ人職工を招いての繊維産業の振興）が推し進められた。ウッチは現在、映画産業の拠点としても知られる。

ルブリンは人口三五万人を数える、ワルシャワ以東最大の都市である。工業都市であると同時に学術都市。戦後の共産政権の母体であるポーランド国民解放委員会はルブリンに所在した。

クラクフは人口七六万人を数える、ポーランド第二の都市。一五九六年にワルシャワに遷都されるまで首都（王の戴冠式は引き続きクラクフで挙行された）。機械・金属・化学・食品・印刷などの諸産業が栄えるが、同時に一大文化都市でもある。

オシフィエンチムはドイツ名のアウシュヴィッツで知られる。第二次大戦中にナチス・ドイツがここに絶滅収容所を設けたことは有名。

ヴロツワフは人口六三万人を数える、ポーランド南西部を代表する都市。オドラ川とその支流が市内を流れており、中世以来、バルト海とローマ帝国を結ぶ「南北貿易」（特に琥珀《こはく》）、黒海と西欧を結ぶ「東西貿易」を通じて栄えてきた。今日でも商業都市としての性格が強いが、同時に金属・機械・化学・繊維・皮革などの産業が盛んな工業都市でもある。

第一章　中世の大国

――ポーランド・リトアニア連合王国の隆盛

初期ヤギェウォ朝

カジミェシュ大王の死去に伴いピャスト朝は断絶した。大王には男子継承者がいなかったため、王位は大王の甥《おい》にあたるハンガリー王のラヨシュ大王（ポーランド名はルドヴィク。在位一三七〇—八二）に引き継がれた（六頁の略系図参照）。ルドヴィクは長女マリアに王位を継承させたいと願い、シュラフタ（中小貴族）にそのことを認めさせるため、一三七四年、彼らに対し、城砦《じょうさい》修理義務とわずかな税を除き、一切の負担を免除した（コシツェの特権）。

ルドヴィクの死後、二年余りの空位期を経て、結局王位を継承したのは次女のヤドヴィガであった（在位一三八四—九九）。ヤドヴィガは女性初のポーランド王となるが、即位した時はわずかに十一歳だった。ポーランドとリトアニアにはドイツ騎士団という共通の敵がいたので、政略的理由からヤドヴィガの夫にはリトアニア大公国の君主が選ばれることになった。一三八五年、両国の代表はヴィリニュス（ポーランド名はヴィルノ）近郊のクレヴ

グルンヴァルトの戦い　ヤン・マテイコ画

ァ（ポーランド名はクレヴォ）に集まり、リトアニア君主ヨガイラ（ポーランド名はヤギェウォ）がカトリックの洗礼を受けたのち、ヤドヴィガと婚姻関係を結び、ヤドヴィガと並んでポーランド王となることが決められた（クレヴォの合同）。二人は一三八六年二月、正式に結婚した。翌月、ヤギェウォはポーランド王ヴワディスワフ二世として即位した（在位一三八六—一四三四）。ポーランド・リトアニア連合王国の誕生である。

一四一〇年七月十五日、ポーランド・リトアニア合同軍はグルンヴァルトでドイツ騎士団軍との戦いに臨み、勝利した。しかし、騎士団領の首都マリーエンブルク（ポーランド名はマルボルク）の城を落とすことができなかった。

ヴワディスワフ二世は晩年、二人の息子に恵まれた。長男のヴワディスワフ三世（在位一四三四―四四）はポーランド王に即位した時、まだわずか十歳だった。このため、クラクフ司教ズビグニェフ・オレシニツキが政務を代行した。ヴワディスワフ三世はポーランド王に加え、ハンガリー王（在位一四四〇―四四）にもなった。王はオスマン・トルコと戦い、ヴァルナの戦いで戦死した。このため、ヴァルナ（現在のブルガリアの東部に所在）の名にちなみ、ヴァルネンチクの別称を持つ。

ポーランド中世の文化

中世はキリスト教哲学が発達した時代であるが、経済的発展は遅々としていた。生業の中心は農業で、手工業や商業の発達は不十分であった。

芸術ではまずロマネスク様式が栄えたが、現存する作品は多くない。チェルヴィンスクの大聖堂（十三世紀初め）の壁画やウッチ近郊のトゥムにある共同教会のアプス（後陣）などが残っている。ロマネスク様式に次いで、ゴシック様式が栄えた。クラクフの聖マリア教会の祭壇で知られるファイト・シュトス（ポーランド名はヴィト・ストフォシュ）がその様式を代表する一人である。ストフォシュはカジミェシュ・ヤギェロンチク（在位期間はリトアニア大公一四四〇―九二、ポーランド王一四四七―九二）に招聘《しょうへい》されてクラクフに来たニュルンベルクの木彫師であった。

同時期のポーランドの文化人として忘れてはならないのが、ヤン・ドゥゴシュである。彼はクラクフ・アカデミーで学んだのち、クラクフ司教オレシニツキのもとで秘書兼文書起草官として働いた。同時に外交官であり、ドイツ騎士団との交渉にも奔走した。一四六七年、カジミェシュ・ヤギェロンチクの息子たちの教育担当となった。しかし、ドゥゴシュ最大の功績は全一二巻から成るポーランド年代記の編纂であろう。

シュラフタ民主政

ヤン一世オルブラフト（在位一四九二―一五〇一）治世の一四九三年、ポーランドで初の全国会議（国会に相当）が開かれた。これ以降、重要議題・問題は、王、元老院、下院の三者によって決められるようになった。

加えて、一五〇五年にはニヒル・ノヴィ法が可決された。ヤン一世の次のアレクサンデル（在位一五〇一―〇六）がラドムで次のように宣言したことからこの名がある。「これ以降、のちの世に至るまで、元老院と下院の同意なく、私と私の後継者はいかなる新しいことも決議しない（Nihil novi ... sine communi consensu）」

下院を構成するシュラフタ（中小貴族）は、アレクサンデルの次のジグムント一世スタリ

（在位一五〇六―四八）が下院を軽視したり、高僧やマグナト（大貴族）から成る元老院を優遇したことから、適正な「法の執行」を要求した。シュラフタの怒りは一五三七年に頂点に達する。同年、ジグムント一世はモルダヴィア遠征に際し、シュラフタに総動員令をかけた。これに対しシュラフタは、リヴィウ（ポーランド名はルヴフ。現在のウクライナ西部の都市）近郊に武装集結し、王の独裁的決定に抗議した。この一件は、集結したシュラフタが長期にわたって大量の鶏肉を消費したことから、「鶏戦争」の名で呼ばれる。結局、王は総動員令を撤回せざるを得なかった。

シュラフタの矜持《きょうじ》をイデオロギー的に支えるものがあった。「サルマティズム」という政治的・文化的意識である。これは自分たちの祖先が勇猛果敢なサルマート人（イラン系騎馬民族）であるとする説に基づく、東方文化に影響を受けた独自の思想・文化である。

プロイセンの臣従

十六世紀初頭から十八世紀の分割までの間のポーランドは、「シュラフタ共和国（ジェチュポスポリタ・シュラヘツカ）」の別称で呼ばれることがある（実際には、十七世紀にはマグナト寡頭政《かとうせい》に移行するのだが）。「ジェチュポスポリタ」（Rzeczpospolita）という言葉は、共和政を表すラテン語の「レス・プブリカ」（res publica）に由来する。大まかに言うなら、共和政とは「世襲の君主を持たない政体」のことである。ポーランドがこう呼ばれたのは、シュラフタが選挙で国王を選出し、議会を通じて国政を牛耳っていたからである。シュラフタ共和国は最盛期にはバルト海から黒海に至る広大な領域を支配下に置いていた。

バルト海沿岸にはまだドイツ騎士団領があった。グルンヴァルトの戦いののち、一四五四―一六六年、ポーランドは再びドイツ騎士団と戦い（十三年戦争）、勝利した。一五一九―二一年、騎士団はポーランドと再び戦って敗北し、ルター派に改宗した。ポーランドとの対決に終止符が打たれたのは一五二五年である。同年四月十日、クラクフの中央広場において、初代プロイセン公アルブレヒト・ホーエンツォレルンは、ジグムント一世の足許《あしもと》に跪《ひざまず》き、臣従の誓いを立てた。これ以降、騎士団は世俗のプロイセン公国となり、プロテスタンティズムを信仰する世俗国家となった。

ルネサンス

ルネサンス期は芸術・学問が大いに栄えた。その成果は、ドイツのヨハネス・グーテンベルクによる活版印刷の発明後、急速に伝えられることになった。

ジグムント一世はルネサンス期のポーランド文化の発展の点でも功績があった。王妃ボナ・スフォルツァはイタリアのミラノの出身で、二人は居城（ヴァヴェル城）の改築や文化・

学問の発展に寄与した。イタリアから学者・画家・彫刻家・建築家・医師・音楽家らを招き、ポーランド文化にイタリア色を添えた。

政治思想の分野では、近代的な国家論を示したアンジェイ・フリチ＝モドジェフスキが出た。

自然科学では、ミコワイ・コペルニク（ラテン語名のニコラウス・コペルニクスで広く知られる）を挙げないわけにはいかない。トルンに生まれたこの学者は、クラクフ・アカデミーとイタリアの複数の大学で医学・数学・哲学・地理学・経済学などを学んだが、最大の関心は天文学であり、この分野で最大の貢献をした。多年にわたる研究の成果は一五四三年に出版された『天体の回転について』に結実した。同書でコペルニクスは、地動説を主張している。

ルネサンス期のポーランドの文人には、ミコワイ・レイとヤン・コハノフスキがいる。レイはポーランド語で執筆した最初の作家であった。十六世紀中葉に生きたレイは「ポーランド文学の父」と呼ばれている。彼のポーランド語に寄せる思いは、「ポーランド人はガチョウではない。独自の言葉を持っている」という文言にうかがえる。

十六世紀後半には、ルネサンス期最大のポーランド詩人コハノフスキが現れた。亡くなった愛娘《まなむすめ》のウルシュラを悼んだ『挽歌《ばんか》』や、フラシュキ（小作品集）は、現代人の心にも響くものがある。

選挙王制

ジグムント一世の息子、ジグムント二世アウグスト（即位は一五二九、実質的な治世は一五四八―七二）には男子継承者がいなかったことから、ポーランドとリトアニアの連合関係を強化しようとする動きが表れ、その結果、一五六九年、ルブリンで両国連合の調印が行われた（ルブリンの合同）。こうしてポーランド・リトアニアは面積およそ八一万五〇〇〇平方キロメートル、人口約七五〇万人の大国となった。ルブリンの合同以降、両国は共通の選挙で君主や議員を選出したが、軍事・財政・行政組織に関しては別個の組織を持ち続けた。

ジグムント二世は、ヤギェウォの戴冠（一三八六年）以来続いたヤギェウォ朝の最後の王となった。これ以降の二〇〇年はシュラフタ（中小貴族）による選挙で王が選ばれることになる。

ジグムント二世が死去すると、次の王を誰にするかを決めるため、選挙議会が開かれた。九六人のシュラフタは、空位期の治安のため「ワルシャワ連盟」（一五七三年）を組織した。連盟協約はカトリック、プロテスタント両派の宗教的寛容についてこう語っている。

われわれの共和国には、キリストの宗教の問題において小さからぬ相違が存在するので、この原因から、われわれが他の諸王国に明らかに見るような有害な騒乱が人びとのあいだで始まることのないように努め、われわれとわれわれの子孫のために、永遠に、われわれの誓約の絆《きずな》と信仰と名誉と良心にかけて、共に以下のことを約束する。すなわち、宗教において相違なるわれわれは、互いのあいだで平和を維持する。また、異なった信仰と諸教会における差異のために血を流すことをせず、財産没収、名誉剝奪《はくだつ》、投獄、追放によって罰しない。

（小山哲訳）

選挙では国内からは有力候補はなく、代わってハプスブルク大公エルンスト、モスクワ大公イヴァン四世、スウェーデン国王ヨハン三世、アンジュー公アンリ・ド・ヴァロワらが候補に挙がった。結果、フランスのアンリ・ド・ヴァロワが選出され、ヘンリク・ヴァレジとして即位した（在位一五七三―七四）。

戴冠に先立ち、いわゆる「ヘンリク条項」の調印が行われた。王は自分の子孫に王位を渡してはならないこと、選挙の自由を損ねてはならないこと、議会の同意なしに国の問題を決めたり、シュラフタの特権を制限しないことなどを約束した。

ヘンリク・ヴァレジ以降に選出された王はこの条項に調印することを求められた。ヘンリク自身はポーランド王に即位したものの、五ヵ月後には兄のシャルル九世が逝去したとの報を受け、夜陰に乗じてポーランドを去り、フランスの国王アンリ三世となった。

東方進出

ポーランド史上、女性で国王となった人物が二人いる。一人は前述のヤドヴィガ（一四頁参照）で、もう一人はジグムント二世の妹のアンナ（在位一五七五）である。アンナはヘンリク・ヴァレジと結婚するはずだったのだが、そうはなっていない。アンナの夫になったのはトランシルヴァニア公バートリ・イシュトヴァーン（ポーランド名はステファン・バトリ）である。バトリはポーランド王として即位した（在位一五七六―八六）。

バトリは傑出した軍人でもあり、ポーランドの地位向上に貢献した。モスクワ大公国との間では、プスコフ（ポーランド読みはプスクフ。現在のロシア西部の都市）の戦いに勝利した（一五八一年）。王は軍事組織の改編にも着手し、成果を上げげた。

バトリののち、ジグムント三世ヴァザが玉座についた（在位一五八七―一六三二）。ジグムント三世はポーランド史上、命を狙われた唯一の王である。暗殺は一六二〇年に企てられたが、未遂に終わり、犯人のミハウ・ピェカルスキは処刑された。取り調べの際、拷問を受けて口を割ったことから、「苦しめられたピェカルスキのようにべらべらしゃべる(pleść jak Piekarski na mękach)」(「訳のわからないことを口走る」の意)という慣用句が生まれた。

ジグムント三世は錬金術に凝り、実験を繰り返していたことでも知られる。王は芸術の振興にも理解を示した。特にヴェネツィアの画家トンマーゾ・ドラベッラを宮廷画家として招聘したことは重要である。現在、ジグムント三世の銅像をワルシャワ旧市街の入口で見ることができるが、これは息子のヴワディスワフ四世(在位一六三二―四八)の命で造られたものである。

ジグムント三世が絶対君主制を望んだこと、イエズス会士を重用し、カトリック政策を強化したこと(一五九六年のブレスト・リトフスク〈ポーランド語ではブジェシチ・リテフスキ〉の教会合同)などから、王に反発する者が少なからずいた。一六〇六年、クラクフ県知事ミコワイ・ゼブジドフスキは全国のシュラフタに集結を呼びかけた。これに対し、王党派が武装して応じたため、両者は内戦状態に陥った。結果は反王党派の敗北であった。これ以降、シュラフタの力は弱まり、逆にマグナト(大貴族)が勢力を伸ばした。共和国が「シュラフタ民主政」から「マグナト寡頭政」へと変貌《へんぼう》していく転機となった。

ジグムント三世が王になった時には、首都はまだクラクフに置かれていた。しかし、ワルシャワはその地理的条件からその重要性を増しており、こうした背景に加え、ヴァヴェルの王宮が火災に遭ったことから、ついに一五九六年、ワルシャワへの遷都を決めたのであった（実際の遷都は一六一一年）。

一六一〇年、ロシアとの戦争で、スタニスワフ・ジュウキェフスキ率いるポーランド軍はスモレンスクを包囲した。ロシア・スウェーデン合同軍が援軍として送られると、これと対決した。同年七月、クルシノ（ポーランド名はクウシン）近郊で七〇〇〇人のポーランド軍は三万五〇〇〇人の敵軍と対峙《たいじ》した。ジュウキェフスキはまずロシア軍を破ると、次いでスウェーデン軍を破った。一連の勝利ののち、ジュウキェフスキはモスクワを占領した（占領は一六一二年まで続いた）。

バルト海をめぐる攻防

スウェーデンのヴァザ家がポーランド王として君臨した一五八七―一六七二年は、スウェーデン・ポーランド両国の間で戦が絶えない時代であった。

ポーランドはスウェーデンから玉座を奪回したいと願い、一方のスウェーデンはバルト海の支配を固めることを望んだ。両国のせめぎ合いは、ヨーロッパで三十年戦争が続いている時に起こった。スウェーデン軍はポモジェを攻撃し、リヴォニアを支配した。

ポーランド・スウェーデン戦争（一六〇〇―二九年）の最大の戦いの一つに、リガ（現在の

キルホルムの戦い　ヴォイチェフ・コッサク画

ラトヴィアの首都）近郊のキルホルムの戦いが挙げられる。一六〇五年九月、両国軍は対峙し（スウェーデン軍一万一〇〇〇人、ポーランド軍四〇〇〇人）、結果、ポーランド軍の勝利に終わった。スウェーデン軍の犠牲者が六〇〇〇人だったのに対し、ポーランド側の犠牲者は一〇〇人程度だった。

ポーランド・スウェーデン戦争の際、艦隊同士が交戦することがあった。一六二七年、スウェーデン軍はグダンスク港の入口を封鎖し、ポーランドの通商を大幅に制限した。十一月二十八日、グダンスク近郊のオリヴァ沖で、ポーランド海戦史上最も重要な一戦が始まった。ポーランド軍はこの戦いに勝利し、スウェーデンによるグダンスク封鎖を解いた。しかし、二年後にグシ

ノで敗れ、アルトマルクで屈辱的な講和を結ばされた。

一六五五年、スウェーデン軍はポモジェとリヴォニアからポーランドに侵攻し、短期間でポーランド内奥まで到達した。マグナトの一部は、スウェーデン軍に降《くだ》るほうが有利と考え、祖国の防衛に消極的な姿勢を示した。スウェーデン軍がチェンストホヴァ（ポーランド南部の都市）のヤスナ・グラ修道院の攻略に失敗して以降、ようやく形勢はポーランドに有利に傾いた。一六六〇年、オリヴァの和約の結果、スウェーデン軍はポーランド（リヴォニア北部を除く）から撤退した。

十七世紀に起こったこのスウェーデンの侵攻を題材に、小説家ヘンリク・シェンキェヴィチは長編『大洪水』を書き上げている（一八八四―八六年）。

トルコやコサックとの戦い

十七世紀初頭、対スウェーデン、対ロシアの戦いに加えて、ポーランドには対オスマン・トルコの戦いもあった。ジグムント三世は三十年戦争開始後、いわゆる「リソフチツィ」（指揮官アレクサンデル・リソフスキの名にちなむ）と呼ばれる騎兵軍団をハプスブルク領に送り、戦争協力を行った。こうした理由から、一六二〇年、ポーランドはオスマン・トルコとの戦いに突入した。戦場はポーランドにまで及んだ。ポーランドは劣勢に立たされたが、ジュウキェフスキとスタニスワフ・コニェツポルスキの陣頭指揮のもと、一時モルダヴィアまでトルコ軍を追い詰めた。しかし、ポーランド軍はツツォラ（ポーランド名はツェツォラ）で大敗を喫する。ジュウキェフスキはこの時戦死した。

コサックと呼ばれる騎馬に長《た》けた集団は、ドニエプル川とドン川のほとりに住み着き、漁業・狩猟・掠奪《りゃくだつ》などで生計を立てていた。十七世紀初頭、コサック問題はポーランドにとって最も厄介な問題の一つであった。

コサックは待遇の改善を求め、蜂起を繰り返していたが、最大のものは一六四八年のそれである。蜂起を立案したのは、それまで王党派の兵士であったボフダン・フメリニツキー（ポーランド名はフミェルニツキ）である。コサック軍はポーランド軍に幾度か勝利している。軍事大国ポーランドの威信は、無名のコサックの指導者を前に崩れ落ちたのであった。フメリニツキー蜂起は一六五四年にようやく終結した。

ヤン・カジミェシュの退位

ヴワディスワフ四世が一六四八年五月に逝去すると、しばらく空位期が続いた。同年十一月になって、ヴワディスワフ四世の異母弟のヤン二世カジミェシュ・ヴァザ（在位一六四八―一六八）が選ばれた。ヤン・カジミェシュは種々の内政改革に取り組んだが、マグナトの反対に遭い、ことごとく失敗した。そうした一つにリベルム・ヴェトがある。

リベルム・ヴェト（自由拒否権）とは、ラテン語で「私は自由を認めない」を意味する表現に由来し、一人の代議員の反対でも議会が流会という権利・権限のことを指す。リベルム・ヴェトは一六五二年三月に代議員のヴワディスワフ・シチンスキが最初に行使した。ヤン・カジミェシュはリベルム・ヴェトの廃止を試みたが、実現しなかった。一六六八年の国王の退位により、この制度は効力を有するものとなり、以降たびたび議会運営を麻痺《まひ》させる要因となった。リベルム・ヴェトは、国王に敵対するマグナトに濫用され、彼らに国政を司《つかさど》る手段を与えたのである。

一六六八年、王は退位し、三代八〇年に及んだスウェーデン出身のヴァザ家の治世は終《しゅう》焉《えん》を迎えた。「ピャストの王」（ポーランド人の王）としてミハウ・コリブト・ヴィシニョヴィエツキ（在位一六六九―七三）が次の王に選ばれた。

ヴィシニョヴィエツキは、一六七二年にオスマン・トルコがポーランドに侵入すると、同年ブチャチの講和で、ポドリア（ポーランド名はポドレ）を手放すという失態を演じた。ポーランド軍がオスマン軍を破るのは、一六七三年十一月のホチムの戦いまで待たなければならなかった。この戦いを指揮したのがヤン・ソビェスキであった。

ヴィシニョヴィエツキはホチムの戦いのさなかに没した（一六七三年十一月十日）。次の王には、ホチムの戦いで功績のあったヤン三世ソビェスキが選ばれた（在位一六七四—九六）。新国王はハプスブルク家との協力関係を推進する政策をとった。それゆえ、一六八三年にムスタファが指揮するオスマン軍がウィーンを包囲した際には、国王自ら参戦した。九月十二日、七万の兵を擁するポーランド・オーストリア連合軍は、同規模のオスマン軍をウィーンから一掃した。

十七世紀はバロック文化が栄えた時期である。バロックという名称は「歪《いびつ》な形状の真珠」を意味するポルトガル語の「バロッコ（barocco）」に由来すると言われる。実際、豪華絢爛《けんらん》ではあるが、気品には欠ける芸術が発達した。

バロック建築を代表するのが、ヤン三世と王妃マリシェンカのために建てられた、ワルシャワ郊外のヴィラヌフ宮殿である。

アウグスト二世とレシュチンスキ

一六九七年、ザクセン選帝侯フリードリヒ・アウグスト一世はポーランド国王に選ばれ、アウグスト二世と名乗った（在位一六九七—一七三三）。選帝侯とは、神聖ローマ皇帝の選挙権を有するドイツの有力諸侯である。怪力の持ち主で、蹄鉄《ていてつ》を手で曲げたという伝説があり、「強王」と呼ばれた。アウグスト二世は無謀にもポーランドを北方戦争（ロシア・スウェーデン間の戦争。一七〇〇―二一年）に介入させた。シュラフタの一部は王位剝奪を画策し、ポズナン県知事スタニスワフ・レシュチンスキを国王に選んだ（在位一七〇四―〇九）。しかしレシュチンスキの支持基盤は弱く、最終的には国外に逃れた。

復位したアウグスト二世は王権を強化するため、一七一三年、ザクセン軍をポーランドに駐留させた。シュラフタはこれに反対し、一七一五年、王の退位を求めてタルノグルトで連盟を組織した。内戦状態となると、ロシアが仲介に乗り出し、一七一七年二月一日に一日限りの議会が開かれ、ザクセン軍の撤退などが決められた。議会が中断することを恐れ、議員には発言が一切認められなかった。この議会が「無言議会」と言われる所以である。ともあれ、ロシアはこうしてポーランドに対する影響力を強めた。

一七三三年にアウグスト二世が死去すると、シュラフタの多くは再度レシュチンスキを国王に選んだ（在位一七三三―三六）。しかし、レシュチンスキに敵対する勢力は、前王アウグスト二世の息子を国王に選んだ（アウグスト三世。在位一七三三―六三）。この内紛は諸外国も巻き込み、国際戦争にまでなった（ポーランド継承戦争。一七三三―三五年）。結局、レシュチンスキは王位を諦め、一七三六年、アウグスト三世の即位が正式に認められた。

コラム　ポーランド絵画の世界

ピカソやセザンヌ、ルノアールやベラスケスの名前を聞いたこともなければ、画集等で一つの作品も見たことがないという人はいないはずである。しかし、同じヨーロッパ美術でありながら、ポーランド人の画家の名前を挙げられる日本人は極めて少ない。一部の人は思うかもしれない、ポーランド美術なるものがそもそも存在するのかと。ポーランドが生んだ最大の詩人アダム・ミツキェヴィチも、一八四四年に次のように述べていたほどである。「なぜスラヴ人がこれまで造形美術に携わってこなかったのか、もう理解できよう。スラヴ人には造形美術の適性がないようなのだ。自分たちには本物を堪能できる器官が備わっているというのに、なぜ複製を求めて奔走する必要があろうか。他民族ならば、目に見えぬ世界の追憶が消え去ってしまうことを恐れて、石を切り刻み、鋳型《いがた》をつくり、カンヴァスに留《とど》めおこうとする。しかしスラヴ人はその追憶をありのままのかたちで、心にしまっているのだ。スラヴ人にとっては、これは追憶などではない」。ミツキェヴィチに言わせれば、造形美術は創造的な営みではなく、コピーでしかないということになる。

ポーランド絵画が開花するのは十九世紀中葉以降のことであるが、ロマネスクやルネサンスやバロックの時代に美術の名に値するものがポーランドになかったということにはならない。ここでは幾人かの画家とその作品について触れてみたい。

十九世紀中葉のロマン主義期では、ピョトル・ミハウォフスキの名を挙げなければならない。ミハウォフスキの画題は多岐《たき》にわたることが特徴で、戦闘を描いたものもあれば、馬をモチーフにした作品もあれば、肖像画もある。肖像画では市井《しせい》の無名の人々を描いた。

十九世紀後半のポーランド絵画を語るうえで避けては通れないのがヤン・マテイコの存在である。その初期作品「スカルガの説教」「レイタン――ポーランドの没落」ではポーランド国家消滅の原因を告発する一方、後年の「プスコフのバトリ」「グルンヴァルトの戦い」（二四―二五頁参照）「ラツワヴィツェのコシチュシュコ」では民族の輝かしい歴史を描いた。マテイコの歴史画の特徴の一つは、原因と結果を一つのカンヴァスで表すため、膨大な情報が盛り込まれていることである。結果的に史実に忠実でない側面も見られるが、この点はマテイコ作品の致命傷ではないだろう。歴史画では、史実の正確な記録よりは、事件の劇的構成に価値が求められているからである。わが国にも歴史画に相当する合戦図屏風《びょうぶ》がいくつも残されているが、史実に沿わない箇所が多数見られることは周知のとおりである。いずれにしても、マテイコがポーランド歴史画において頂点を極めた事実は揺るがしようがない。

マテイコと並んで歴史画で重要な働きをした人物にアルトゥル・グロトゲルがいる。グロトゲルは、一月蜂起（一八六三―六四年）を扱った一連の素描で知られる。ポーランドの美術史家マリア・ポプシェンツカは彼の作品をいみじくも次のように評している。「グロトゲルは、詩の象徴性と叙事詩の語りを結びつけ、典型的な英雄と理想的な英雄の両方を同時に生み出し、当時の蜂起を、神聖で時を越えた戦争に変形させた。彼が描いた場面は、祖国の殉教の神話のステレオタイプとなったが、このことは他の画家ではなし得ぬことだった」。グロトゲルの英雄神話とは対照的に、一月蜂起の日々の現実を描写した画家にマクシミリアン・ギェリムスキがいる。

一八九〇年代を代表する画家であるヴォイチェフ・ゲルソンも歴史画を描いた。もっとも、多くのジャンルで実力を発揮した彼は、むしろ風景画で評価が高い。同時代のヘンリク・シェミラツキは、古代ギリシャやローマに題材を求めた作品を制作した。

ポーランド絵画の魅力が歴史画だけにあるわけではない。歴史画の全盛期に続く、十九・二十世紀の交の「若きポーランド」時代の作品も注目に値する。モダニズムと表現主義の流れを汲《く》んだこの時代の画家には、スタニスワフ・ヴィスピャンスキ、ヴォイチェフ・ヴァイス、レオン・ヴィチュウコフスキ、ヤツェク・マルチェフスキなどがいる。

ヴィスピャンスキは画業だけでなく、作家・演出家・建築家など多才な顔を持つ。彼の造形芸術最大の功績はステンドグラスにあるが、そのほかにも多数の優れた人物画を残した。ヴァイスは最初、歴史画などを描いていたが、やがてその画風は表現主義へと変わっていった。ヴィチュウコフスキもまた歴史画からスタートしたが、のちにフランス印象派の影響を受け、画風が変化していった。マルチェフスキは風景画・風俗画・宗教画・肖像画など、多岐にわたる傑作を制作した。

第二章　王制の終焉と国家消滅

——露・普・墺によるポーランド分割

スタニスワフ・アウグスト・ポニャトフスキ

十八世紀中葉、ポーランドでは啓蒙《けいもう》主義思想が広がりを見せていた。フランスのモンテスキューやヴォルテールの著作が読まれ、慣習・伝統・権威を否定し、人間の理性を信頼し、社会の建設を目指すという思想が広まった。ポーランドの代表的啓蒙家には、スタニスワフ・コナルスキ、イグナツィ・クラシツキ、フゴ・コウォンタイ、スタニスワフ・スタシツ、ヤン・シニャデツキとその弟イェンジェイ、スタニスワフ・アウグスト・ポニャトフスキらがいる。

アウグスト三世（在位一七三三―六三）が逝去すると、ロシアを後ろ盾とするチャルトリスキ一門（リトアニア出身の有力貴族）が王位継承をめぐって介入してきた。ロシアの女帝エカチェリーナ二世の寵臣《ちょうしん》であるスタニスワフ・アウグスト・ポニャトフスキ（在位一七六四―九五）が国王選挙で選出された。スタニスワフ・アウグストはポーランド最後の王となる。王はなんとかポーランドを立て直そうと諸改革に取り組んだが、状況は極めて悪く、できることはそう多くなかった。結局、王が心血を注いで取り組んだのは文化・芸術だった。パリのサロンに範をとり、文化人・学者との交歓会を始めた。この交歓会は木曜日の午後に開かれたので、「木曜夕食会」と呼ばれた。

王の庇護《ひご》のもと、イタリア出身のベルナルド・ベッロット（通称はカナレット）は国民画家となった。カナレットは当時のワルシャワを写実的に描写した。彼の絵画は、第二次大戦後のワルシャワ復興の際、貴重な資料となった。

一七六五年、王の発案で、「騎士の学校」が創設された。これは、シュラフタ（中小貴族）出身の貧しい若者に軍事教養を学ばせ、一人前の軍人に育成することを目指した施設であった。卒業生には、独立運動で知られることになるタデウシュ・コシチュシュコもいる。

一七七三年、議会決議により、啓蒙教育に従事する、ヨーロッパ初の文部省とも言われる「国民教育委員会」が設置された。委員会のメンバーは、ミハウ・ポニャトフスキ（スタニスワフ・アウグストの弟）、アンジェイ・ザモイスキ（マグナト出身）、フゴ・コウォンタイ（シュラフタ出身）、アダム・カジミェシュ・チャルトリスキ（名門チャルトリスキ家出身）らであった。委員会は多くの重要な決定をしている。たとえば、ポーランド語を教授言語として認めている

コシチュシュコ　カジミェシュ・ヴォイニャコフスキ画

ポーランド分割の風刺画　左からロシア皇帝エカチェリーナ２世，ポーランド王スタニスワフ・アウグスト・ポニャトフスキ，オーストリア皇帝ヨーゼフ２世，プロイセン王フリードリヒ２世．ノエル・ルミール画

（それまではラテン語がその機能を果たしていた）。

ポーランドでの改革の動きを警戒するロシアは、公使ニコライ・レプニンに、一七六七年、保守派マグナトのカロル・ラジヴィウを議長とするラドム連盟を結成させ、国王スタニスワフ・アウグストに圧力をかけた。さらにロシアはワルシャワに派兵し、国会を包囲して、臨時議会を強行開催させた。結果、ポーランドはロシアの要求を呑《の》み、国王自由選挙制やリベルム・ヴェト（自由拒否権）の維持を決議した。

ポーランドのシュラフタはこうしたロシアの介入に反発し、一七六八年、南部の都市バルに集い、武装連盟を組織した。バル連盟は善戦したが、一七七二年、ロシアの軍門に降った。この敗北が、そのまま第一次ポーランド分割へとつながった。もっとも、ポーランド分割は早くも一七六九年にはプロイセンのフリードリヒ二世によって考えられていた（いわゆる「リーナル伯の計画案」）。当時、ロシアではポーランド全体を保護領とする考えであった。しかし、一七六九―七〇年にオーストリアがポーランドの王領地の一部を占領すると、ロシアはポーランド分割に向けて動き出していった。こうして一七七二年八月五日、ペテルブルクで、ロシア・プロイセン・オーストリア代表間で第一次ポーランド分割に関する調印が行われた。ロシアは九万二〇〇〇平方キロメートルの領土と一三〇万人の住民、プロイセンは三万六〇〇〇平方キロメートルの領土と五八万人の住民、オーストリアは八万三〇〇〇平方キロメートルの領土と二六五万人の住民を獲得した。

アメリカ独立戦争に加わるポーランド人

一七七六年、イギリスの一三の北米植民地が独立を宣言したが、イギリスはこれを認めようとしなかった。独立戦争が始まると、ヨーロッパから志願兵が馳《は》せ参じたが、この中にはポーランド人もいた。タデウシュ・コシチュシュコとカジミェシュ・プワスキである。

アメリカ合衆国第三十九代大統領ジミー・カーターは、一九七七年十二月にポーランドを訪問した際、歓迎式でこの二人の偉人に触れ、次のように述べた。

南北関係、東西関係は変化していますが、ポーランドとアメリカとの絆は歴史が古く、かつ強固なものです。

ジョージア州の私たちの自宅近くで、両国家の偉大なる愛国者カジミェシュ・プワスキは、アメリカ独立戦争で騎馬隊を指揮し、致命的重傷を負いました。私の息子の妻は、ポーランド出身のこの偉大なる英雄の名にちなんだ、ジョージア州プラスキ郡の出身です。また、タデウシュ・コシチュシュコには、独立戦争の際の軍事手腕と勇気に対し、我々の初代大統領ジョージ・ワシントンが敬意を表しました。コシチュシュコは、平時にあっては、自由および正義に貢献したことに対し、第三代大統領トマス・ジェファソンから称賛されました。

こうした勇敢な人物は、人権闘争における三つの重要な文書が生まれる時代に、アメリカ人の側に立って戦ったのでした。三つの文書とは、一つはアメリカ独立宣言であり、二つ目はフランス人権宣言、三つ目はポーランドの五月三日憲法であります。

四年国会と五月三日憲法

「四年国会」（別名「大国会」）が一七八八―九二年に開かれた。「大国会」の別称は、国の重要な問題が議論されたことにちなんだものである。この国会では、軍の増強、シュラフタや教会への課税などが決められた。しかし、四年国会最大の成果が五月三日憲法の制定にあることは議論の余地がない。

四年国会会期中の一七八九年十二月、フゴ・コウォンタイは、ポーランド都市民の権利を主張する請願書を起草した。代表者は請願書を出すにあたり、全員が黒衣を纏《まと》って行進したので、「黒衣の行進」（先導はワルシャワ市長ヤン・デケルト）の名がある。フランス革命が進行中で、ポーランドでも革命が起こるのではないかと騒がれたため、請願書は受理され、問題を検討する委員会が直ちに組織された。

一七九一年五月三日に四年国会で採択された憲法（「五月三日憲法」と呼ばれる）は、アメリカ合衆国憲法に次ぐ先駆的なものとして知られる。

国王自由選挙制を廃して、スタニスワフ・アウグスト以降はザクセン家（選帝侯を出した家柄）が王位を継承すること、リベルム・ヴェトを廃止し多数決制を採ることなどが決められた。マグナトとシュラフタの権限は狭められ、一方、土地を所有したり高位の職に就いたりする道が市民に開かれた。また、納税は全住民の義務とされた。しかし、五月三日憲法は農民の権利については認めていなかった。第四条には次のようにある。

土地相続者がその領地の農民に対して実際に行う何らかの自由や許可や契約は、それらが集団のものであっても、個々の村の各々《おのおの》の住民とのものであっても、共通かつ相互の義務となる。それらの許可や契約に含まれる条件や記述は実際の意味に従って、国の統治権力の保護下に置かれる。土地所有者によって自発的に受け入れられたそのような関係とそれに発する義務は、彼自身だけでなくその継承者や土地所有権獲得者によっても同様に結ばれなくてはならず、彼らが勝手に変更することは許されない。反対に、自由意思での契約の場合でも許可を受けた場合でも、一定の土地を保有する農民は、それに付随する義務を排除することはできない。その契約に規定された方法と条件のもとでのみ、永代あるいは一定の期間その義務を厳守しなくてはならない。

（白木太一訳）

五月三日憲法の起草作業は、急ピッチかつ秘密裡《ひみつり》に進められた。議会の反対派が改革案を挫折させるのではないかと懸念された。それゆえ、改革支持派の大多数が参加し、反対派が不在となる春の休暇時を狙って上程されたのであった。

五月三日憲法に反対するセヴェリン・ジェヴスキやクサヴェリ・ブラニツキらは、タルゴヴィツァで連盟を組織し、ロシアに軍事介入を要請した。軍事衝突は一七九三年の第二次ポーランド分割へとつながった。一七九三年一月二十三日、ペテルブルクにおいてロシア・プロイセン間で第二次ポーランド分割の調印が行われた。オーストリアはバイエルン併合に関心を示しており、第二次分割には加わらなかった。ロシアは二五万平方キロメートルの領土と三〇〇万人の住民、プロイセンは五万八〇〇〇平方キロメートルの領土と一〇〇万人の住民を獲得した。

コシチュシュコ蜂起と第三次ポーランド分割

スタニスワフ・アウグストがタルゴヴィツァ連盟に加わると、五月三日憲法を支持する活動家たちは亡命し、そこで武装蜂起の準備に取りかかった。

ロシアがポーランド軍の縮小を決めたことから、蜂起決行が急がれた。蜂起は一七九四年三月二十四日に始まった。この日、クラクフの中央広場でコシチュシュコは次のように宣言し、全権を掌握した。

神の面前で全ポーランド国民に、拝命を受けた権力をなんらの私的な問題に利用することなく、ひたすら全国境の防衛、国民主権の回復、普遍的自由の確立のためにそれを行使

（中山昭吉訳）

する旨を誓うものである。

蜂起の目的は、分割以前のポーランド領の回復であった。四月四日、ラツワヴィツェ（ヴロツワフの近郊）の戦いにおいて、草刈り鎌《がま》で武装した農民兵はロシア正規軍を破るという大金星を上げた。五月七日、コシチュシュコは、ポワニェツで農民の法的権限を認める旨の布告を出した。

同年十月十日、ポーランド側はマチェヨヴィツェの戦いで敗れ、コシチュシュコはロシアの捕虜になった。蜂起は翌十一月に終焉を迎え、これが第三次分割への引き金となった。

翌一七九五年十月二十四日、ロシア・プロイセン・オーストリアはポーランド分割を決めた。スタニスワフ・アウグストは退位し、こうしてポーランドはヨーロッパの地図から消滅したのであった。

コラム　映画に見るワルシャワ

ワルシャワはポーランド映画産業の中心都市ではないが、首都として各種機能が集中することから幾度となく制作現場となってきた。ここでは、ワルシャワがどのように描写されてきたかを考察する。

タイトルに「ワルシャワ」ないしその派生語が含まれる作品には、ミハウ・ヴァシンスキ監督の「ワルシャワの歌手」（一九三四年）、ヤン・リプコフスキ監督の「ワルシャワの初演」（一九五一年）、タデウシュ・マカルチンスキ監督の「ワルシャワのシレナ」（一九五五年）、スタニスワフ・レナルトヴィチ監督の「ワルシャワのジュゼッペ」（一九六四年）、ヒエロニム・プシブィウ監督の「パリ・ワルシャワ間、ヴィザなしで」（一九六七年）、ヘンリク・クルバ監督の「ワルシャワ・スケッチ」（一九六九年）、エヴァ・ペテルスカ、チェスワフ・ペテルスキ共同監督「若きワルシャワっ子の誕生日」（一九八〇年）、ヴウォジミェシュ・ゴワシェフスキ監督の「ワルシャワのスウェーデン人」（一九九一年）、ダリウシュ・ガイェフスキ監督の「ワルシャワ」（二〇〇三年）、ヤン・コマサ監督の「ワルシャワ蜂起」（二〇一四年）などが挙げられる。これらのうち若干の作品について少し述べてみたい。

「ワルシャワのジュゼッペ」は、第二次大戦中にイタリア兵ジュゼッペ・サントゥッチ（演じた俳優はアントニオ・チファリエッロ。以下同様）が休暇で祖国に戻る途中、偶然からワルシャワでの抵抗運動に巻き込まれてしまうという物語である。深刻なテーマではあるのだが、作品はコメディであり、地下活動に特有の暗さは見られない。日本ではアンジェイ・ワイダ（ポーランド読みはヴァイダ）監督の「灰とダイヤモンド」（一九五八年）の俳優として知られるズビグニェフ・ツィブルスキが脇役《わきやく》で出ている。ツィブルスキにはコメディ出演作品が数本あるが、この映画はその中でも三枚目ぶりが遺憾なく発揮されている傑作である。本作品からは、大戦中の抵抗拠点としてのワルシャワを知ることができる。

アンジェイ・ワイダ

「ワルシャワのスウェーデン人」の時代は一六五五年で、十代の三人の少年（マチェイ、カツペル、カジク）が暗躍して、ワルシャワから侵略者を追い出すという物語である。

原作は、一九〇一年にヴァレリ・プシボロフスキが書いた同名作品で、亡国の時代に生きたポーランドの少年少女を勇気づけるものであった。現代ではたわいがない子ども向け映画に仕上がっているが、ヤン・マテイコの絵画やヘンリク・シェンキェヴィチの文学同様、祖国解放への願いを込めたメッセージ性の強い作品であった。

「ワルシャワ」は現代の冬のワルシャワを舞台に、数名の人物の一八時間を同時進行のかたちで描写した作品である。二〇〇三年にグディニャ・ポーランド劇映画祭で最優秀作品賞を受賞した作品であるが、必ずしも強いインパクトを与える作品ではない。汚い言葉や暴力は、ヴワディスワフ・パシコフスキ監督の「ポリ公」（一九九二年）など、アメリカナイズされたポーランド・アクション映画を想起させる。ガイェフスキ作品で描かれる首都ワルシャワは必ずしも人間疎外の大都市ではなく、人間的交わりの可能性が残されており、絶望よりも希望が優位だ。ところで、キリンがライト・モチーフで使われているが、これにはイェジ・シュトゥル監督・主演の「ラクダが町にやってきた」（二〇〇〇年）の影響も考えられよう。

「ワルシャワ蜂起」は蜂起の時に実際に撮られたモノクロ映像を、現代の最新技術でカラー化し、これに音声を加え（実際の会話の再現ではない）、物語仕立てにしたものである。しかし、劇映画として観た場合、完成度が高いとは言えない。

作品の舞台がワルシャワ、あるいはほとんどすべてがワルシャワという作品は枚挙に暇《いとま》がない。ここでは二作品を取り上げる。

アンジェイ・チュショス＝ラスタヴィエツキ監督の「大統領よ、あなたがどこにいようとも」（一九七八年）は、第二次大戦が勃発してもワルシャワに残り、市民と運命を共有する選択をしたワルシャワ市長、ステファン・スタジンスキを扱った作品である。この映画が見事なのは、当時の記録映像と、この映画のために撮った映像が見事に融合されている点である。後者の映像はモノクロで撮られているだけでなく、劣化したフィルムによくある斑点や筋まで入れられているため、どこまでが記録映像で、どこからがこの映画のため新たに撮られた映像なのか判別できないほどである。俳優の演技も見事で、スタジンスキを演じたタデウシュ・ウォムニツキが本物の市長のように見えてくる。

「大統領の死」（イェジ・カヴァレロヴィチ監督、一九七七年）は、一九二二年十二月十六日に実際に起こった、ポーランド第二共和政初代大統領ガブリエル・ナルトヴィチの暗殺事件を扱っている。映画は、十二月九日から十六日までの一週間をクロニクル風に描写する。その意味では、ワイダ監督の「聖週間」（一九九五年）に構成が似ていると言えよう。しかし、「大統領の死」では時折、暗殺犯のエリギウシュ・ニェヴャドムスキ（マレク・ヴァルチェフスキ）の証言が挿入されるという点で特徴がある。おそらくこの映画は相当史実に忠実に再現されている。ナルトヴィチ（ズジスワフ・ムロジェフスキ）はワルシャワの芸術ザヘンタ協会で暗殺される。映画では、この建物の中にマテイコの有名な「プスコフのバトリ」が見える。現在、「プスコフのバトリ」の所蔵先はワルシャワの王宮である。しかし、一九二二年当時は芸術ザヘンタ協会に置かれていたのである。カヴァレロヴィチが細心の注意を払って制作していたことがうかがえる。

第三章　列強の支配と祖国解放運動

――繰り返される民族蜂起

イタリアのポーランド軍団

一七九七年、ナポレオン軍がイタリアで戦闘に臨んだ際、オーストリア軍にはガリツィア（ポーランド南東部からウクライナ北西部を指す地域名）で徴募されたポーランド人兵士が多数含まれていた。このポーランド人がナポレオン軍に投降すると、総裁政府によってミラノに派遣されていたヤン・ヘンリク・ドンブロフスキ将軍はポーランド軍団を編制した。軍団はオーストリア軍からローマやマントヴァ（イタリア北部の都市）を守った。

一八〇一年、ポーランド軍団は三つに分けられ、二つはイタリアに残り、一つはフランス軍に吸収された。フランス軍に組み入れられたポーランド部隊は、翌〇二年、ナポレオンによりサンドマング島（ハイチ）に送られ、そこで蜂起の鎮圧に当たった（この時のナポレオン軍の試みは失敗し、ハイチは二年後に独立した）。風土病が蔓延《まんえん》する地で戦った多くのポーランド人兵士が落命し、派遣された約六〇〇〇人のうち、生存者は三〇〇人程度であったという。

このように、ポーランド軍団は他民族の民衆蜂起の鎮圧に利用されることもあった。残りの二つの部隊はフランス軍とともにあらゆる戦線で戦った。ポーランド軍団がポーランドに達したのは、一八〇六年にナポレオンが対プロイセン戦を実施した時であった。

一七九七年にイタリアでポーランド軍団が組織された時、そこにいたユゼフ・ヴィビツキ中尉（ドンブロフスキの友人）は「イタリアのポーランド軍団の歌」を作詞した。歌詞は、作曲者不明の民謡のメロディーに乗せて歌われて、兵士の士気を高めた。ワルシャワ公国では重要な機会に歌い継がれた。一九二七年以降、「ドンブロフスキのマズルカ」としてポーランド国歌になっている。歌詞（一番）は次のとおりである。

ポーランドは未だ滅びず
我らが生きているかぎり
よそ者が奪ったものを
剣で取り戻そう
進め、進め、ドンブロフスキ
イタリアの地からポーランドへ
汝《なんじ》の指揮下に
同胞と一つにならん

ナポレオンのもとで

フランスとプロイセンの戦いは一八〇六年にプロイセンの敗北で終結した。ナポレオン軍

ワルシャワ公国憲法を認可するナポレオン　腰掛けている人物がナポレオン．マルチェッロ・バッチャレッリ画

はかつてのポーランドに入った。ポズナンは最初のポーランドの都市として、ナポレオン軍の到来を祝福した。翌一八〇七年のティルジットの和約の結果、プロイセン領土の一部から、フランスの支配下に置かれるワルシャワ公国（面積一〇万四〇〇〇平方キロメートル、人口二六〇万人）が生まれた。公国はナポレオン法典に倣った憲法を持った。

一八〇九年の対オーストリア戦の結果、オーストリアからもかつての領土（クラクフ、ラドム、ルブリン、シェドルツェ）を奪回した。

一八一二年、ナポレオン軍は大挙して（約六七万人）ロシアに遠征したが、この時、ワルシャワ公国も部隊（約一〇万人）を送っている。ボロディノ戦でロシアは大敗を喫し、モスクワも陥落した。しかし、遠征軍は大火に遭い、食料・弾薬の供給の途を断たれた。加えて、同軍は寒波に対する備えができておらず、撤退を余儀なくされた。翌一八一三年、ライプチヒの戦い（諸国民戦争）でナポレオン軍は敗れ、ナポレオンは帝位を退き、エルバ島に流刑となった。

最後の王スタニスワフ・アウグストの甥であるユゼフ・ポニャトフスキは、一七九二年のジェレンツェ（ウクライナ西部の小村）の戦いでポーランド軍を指揮したことから軍事功労章（オルデル・ヴィルトゥティ・ミリタリ）を贈られた。一七九四年のコシチュシュコ蜂起にも参加している。ナポレオンからはワルシャワ公国の軍務大臣に任じられた。その功績に対し、ナポレオンはフランスの元帥にまで任命した。諸国民戦争で退却するフランス軍の擁護に当たり、そこで落命した。

ウィーン会議後のポーランド

ナポレオン失脚後の一八一四―一五年に開かれたウィーン会議の結果、ワルシャワ公国は消滅し、代わってその領土の一部から、ロシア皇帝（当時はアレクサンドル一世）を統治者とするポーランド王国が生まれた。プロイセンは旧ワルシャワ公国の西部地域を得、これをポズナン大公国とした。オーストリアは岩塩坑のあるヴィエリチュカ一帯を得た。クラクフは自由市となり、一帯はクラクフ共和国として三分割国で共同統治されることになった。事実上の総督には、アレクサンドル一世の弟のコンスタンティン大公が就任した。

ポーランド王国では財務相クサヴェリ・ルベツキ＝ドルツキのもと、工業振興政策が遂行された。その結果、一八二〇年代にはウッチ周辺が一大繊維工業地帯となった。

ロシアでは専制政治が行われていたが、ポーランド王国では一定の自治権が認められていた。そうしたロシアの対ポーランド政策が変わるのは、一八二五年にロシアで発生したデカブリストの乱だった。検挙された参加者を取り調べると、ポーランド人との関係も明るみに出た。ロシア皇帝ニコライ一世はポーランド人に厳罰を望んだが、王国議会が下した刑は緩やかなものだった。ニコライ一世は反動政治に出た。

十一月蜂起

一八三〇年、パリで七月革命が起こると、その影響を受けた、ユゼフ・ヴィソツキ率いる、士官候補生から成る秘密結社は決起を決めた。十一月二十九日夜、コンスタンティン大公の屋敷であるベルヴェデル宮が襲撃された。しかし、国王は自分に忠実な部隊とともに郊外に逃れた。

歴史家のヨアヒム・レレヴェルと文芸批評家のマウリツィ・モフナツキは、一八三〇年十二月一日、「愛国協会」を組織し、蜂起の継続・拡大を訴えた。一方、国民に名声を博していたユゼフ・フウォピツキ将軍が十二月五日、独裁官に就任した。フウォピツキは蜂起を無謀と捉《とら》え、コンスタンティン大公に対し、蜂起を武力で鎮圧してほしいとまで要請した。大公の回答は意外にも、ポーランド人自らで事態収拾を図れというものだった。十二月十八日、議会が蜂起を民族蜂起であると宣言すると、フウォピツキは独裁官を辞任した。

一八三一年一月二十五日、議会は満場一致でニコライ一世の退位と王国の独立を宣言した。王国とロシアとの連合を決めたウィーン条約の内容に明らかに反する決定であった。ポーランド人にとっては、蜂起で勝利し、その既成事実により、自らの決定に説得力を持たせる以外に道がなくなった。

蜂起は、一八三一年五月二十六日のオストロウェンカ戦で敗北を喫してからは、ポーランド側に勝算がない状態だった。九月七日、ワルシャワがロシア軍に制圧され、十一月蜂起は終わった。

大亡命

十一月蜂起後、ワルシャワを陥落させたイヴァン・パスケヴィチ将軍が王国総督となり、厳しい報復政策に打って出た。蜂起首謀者は処刑されたり、シベリアに流刑となった。領地や財産の没収、左遷、大学の閉鎖などが行われた。他の分割列強の対ポーランド政策も大同小異だった。こうした迫害を恐れて、亡命する者が多数出た。亡命先はフランス・イギリス・ベルギー・トルコ・アメリカなど多方面に及んだ。亡命者の数は一万人を超え、「大亡命」の名で呼ばれる。

亡命者は亡命先で、祖国復興に向けた運動を開始した。「オテル・ランベール派」はそうした一つである。セーヌ川の中州、サンルイ島のランベール館に活動の拠点を定めたことからこの名がある。中心人物はアダム・イェジ・チャルトリスキ（アダム・カジミェシュ・チャルトリスキの長男）で、外国政府に働きかけ、その圧力でポーランドの再生を達成しようとする一団であった。

一方、「ポーランド民主協会」は一八三二年三月、いわゆる「小綱領」を発表し、ヨーロッパ各国の民衆と連携したうえでロシアと対決する必要があると主張した。民主協会は一八三六年十二月には「大綱領」（通称「ポワティエ宣言」）を採択し、階級の平等や賦役《ふえき》の廃止を訴えた。しかし、その具体的な方策には触れていなかった。

急進左派のタデウシュ・クレンポヴィエツキは民主協会の綱領を批判し、一八三五年十月、イギリスで「ポーランド人民」を組織した。ジュゼッペ・マッツィーニの青年ヨーロッパ運動に賛同する一群は、レレヴェルと結びつき、「若きポーランド」を旗揚げした。

クラクフ蜂起とガリツィアの虐殺

以上の亡命者集団の中で最大の影響力を持ったのは、「民主協会」であった。ただし、同組織の活動方針は曖昧《あいまい》で、王国の実情を直視したものとは言えなかった。そうしたなか、エドヴァルト・デンボフスキのように、武装蜂起の実施を主張する者が現れた。彼は逮捕の危険が迫っていたので、一八四三年に王国を離れ、ポズナンに移動した。翌四四年、「共産主義思想」を流布した廉《かど》でポズナンを追放された。さらに一八四五年、ガリツィアに渡った。「民主協会」も蜂起実施に向けて始動した。蜂起は一八四六年二月二十一日夜半に三つの分割領で一斉同時に決行すると決まった。しかし、実際に蜂起したのはクラクフだけであった。計画が事前に漏れ、ポズナンと王国で関係者の逮捕が始まったのである。

二月二十日、クラクフで街頭闘争が起こった。二日後の二十二日、ヤン・ティソフスキ、ルドヴィク・ゴシュコフスキらは国民政府の樹立を発表した。国民政府に加わったデンボフスキは農民に独立運動に加わるよう精力的に働きかけを行った。しかし、二月二十七日、クラクフ近郊のポドグシュに向かう途上、オーストリア軍に遭遇し、デンボフスキは射殺された。彼の死後、蜂起の勢いは急速に衰え、早くも三月四日には終焉を告げた。

クラクフ蜂起失敗の原因は別の点にもあった。オーストリア政府は地主に対する農民の反感を巧みに利用して蜂起を鎮圧しようとしたのである。農民には、蜂起軍に向かって立ち上がるなら褒賞を与えると約束した。農民は二月十八日に行動に出た。こうして、ガリツィアでは地主約四三〇人のほか、一一〇〇人余りが殺害された（被害者数には諸説あり）。

ガリツィアの虐殺の首謀者ヤクプ・シェラの名はフランスの「イリュストラシオン」紙を通じて、国外でも報道された。ポーランドにとって農民問題の解決が焦眉《しょうび》の急であることが示された格好となった。

ロマン主義

十九世紀前半、「ロマン主義」という学問・芸術における新たな潮流が現れた。ロマン主義者は、自由を謳歌したかつてのポーランドを直接は知らない最初の世代である。ポーランドが隷属状態に陥ったのは先人に責任があるとして追及した。この時代の文化人にはアダム・ミツキェヴィチ、ユリウシュ・スウォヴァツキ、ジグムント・クラシンスキ、アレクサンデル・フレドロ、ツィプリアン・カミル・ノルヴィトらがいるが、それぞれの作品で、この問題を直接、間接に取り上げた。

音楽では、フレデリク・ショパン（ポーランド名はフリデリク・ショペン）やスタニスワフ・モニュシュコが活躍した。

ショパンといえば、マズルカやポロネーズで知られる愛国者である。蜂起の前面に立って戦うということはなかったが、祖国愛には並々ならぬものがあった。十一月蜂起発生の時にはウィーンにいて、悶々《もんもん》とした日々を送っていた。一八三〇年十二月、ショパンはワルシャワにいる親友のヤン・マトゥシェフスキに宛《あ》て、次のような書簡を送っている。

ヤン〔三世ソビェスキ〕の軍勢が歌っていた、散り散りになったその残響がいまでもまだドナウの両の岸辺のどこかしらに漂っているかもしれない歌の数々を――そのほんの一部でもいいから探りあててみたい。（…）ああ、彼女〔ショパンの初恋の女性、コンスタンティア・グワトコフスカ〕や姉や妹でさえ、たとえ繃帯《ほうたい》、三角巾を繕いながらでもお役に立てるというのに、この僕は――父の重荷になるということさえなければ、今すぐにでも帰りたいが帰れない。（…）サロンでは涼しい顔を装ってはいるが、家に戻ればピアノに向かってあたりちらしているのだ。

（関口時正訳）

一八四八年革命とポーランド人

一八四八年春にヨーロッパで革命が連鎖的に発生した（諸国民の春）。革命の中心地はフランスで、イタリア、オーストリア、ハンガリーなどに波及した。

ポズナンとガリツィアでもポーランド人による動きが見られた。ポズナン大公国では「国民委員会」が結成され、ベルリンの監獄から解放されたルドヴィク・ミェロスワフスキやカロル・リベルトがこれに参加した。しかし、プロイセン政府がポズナンの鎮静化に乗り出した時、国民委員会は効果的に反撃することができなかった。二年前の「ガリツィアの虐殺」の記憶が生々しかったことが理由だった。一方ガリツィアではポーランド語の公用語化と賦役の廃止を求める請願が出されたが、シュラフタと農民の分断を図るオーストリア総督フランツ・シュタディオンの政策が奏功し、ポーランド側の試みは徒労に終わった。

ポーランド人は他国の解放運動でも尽力した。ハンガリーでの戦いでは、ユゼフ・ベム将軍——十一月蜂起にも加わっており、オストロウェンカの戦いなどで功績があった——など多数のポーランド人が参入した。ハンガリーでの蜂起が結局失敗に終わると、ベムはトルコに赴いて戦った。かの地でイスラム教に改宗し、ムラト・パシャと名乗った。

ミツキェヴィチはローマ、次いでロンバルディア（ミラノを含むイタリア北西部の州）で、オーストリアとの戦いに向けて義勇軍を組織した。一八四九年にはパリで雑誌『諸国民の論壇』を創刊し、民族の団結と解放を訴えた。

一月蜂起

一八六一年二月二十五日、十一月蜂起最大の戦闘であるオルシンカ・グロホフスカの戦いを記念したデモがワルシャワで開催された。多数の市民が参加したこのデモを鎮圧するため、軍は発砲し、五人の犠牲者が出た。これに対し、ワルシャワの資本家は「市代表団」を結成し、犠牲者の一大葬儀を挙行した。当局がこの時比較的寛大な姿勢を見せたのは、クリミア戦争（一八五三―五六年）の敗北と農奴解放令（一八六一年二月）で、帝国が弱腰になっていたからであった。しかし、三月二十七日、ロシア当局は民族運動を抑えるため、ポーランド人のアレクサンデル・ヴィエロポルスキを王国の「信仰・大衆教育管理評議会」長官に指名した。ヴィエロポルスキは四月、市代表団と農業協会（農業水準の向上と近代化を目標として、アンジェイ・ザモイスキが一八五八年に組織）を解散させた。民衆は再度抗議行動に出た。ついに十月には王国全土に戒厳令が敷かれた。

急進派はヤロスワフ・ドンブロフスキを指導者に赤党を組織し、蜂起に備え、地下に潜った。一方、有産階級の愛国者はレオポルト・クロネンベルクを指導者に白党を組織し、赤党の急進的動向を警戒した。

一八六三年一月二十二日、赤党指導部は「臨時国民政府」と称し、蜂起宣言を発表した。同時に農民解放令を発布して、農民に無償で土地を与えることを約束した。白党は当初蜂起を静観していたが、蜂起が各地に拡大するのを見て、二月末、参加を決めた。しかし逆に、国民政府内で赤党と白党の間で主導権をめぐる争いが生じ、国民政府は混乱した。政府内の混乱に伴い、農民解放令は顧慮されることがなくなった。農民は蜂起に背を向け、蜂起もしだいに劣勢に回るようになった。

十月十七日、赤党のロムアルト・トラウグトが独裁官となり、農民解放令を実施しようとした。これに対しロシアは一八六四年三月二日、解放令とほぼ同等の別の農民解放令を発布した。農民は臨時政府よりもロシア政府に期待を寄せる結果となった。四月十一日、トラウグトが逮捕、処刑されると、蜂起は急速に衰退した。逮捕された多くのポーランド人は、財産を没収され、シベリアに流刑となった。

実証主義

一月蜂起の敗北後、ポーランド人は早期の独立回復を諦めるようになった。武装闘争を推し進めるのではなく、経済的・文化的にポーランド民族を強化することが図られるようになった。いわゆる「有機的労働」である。これを合い言葉に掲げた実証主義《ポジティヴィズム》の動きは、学問の発達・発展、技術革新、文化的進展に寄与した。この時代の作家の一人に、『クウォ・ヴァディス』や三部作（『火と剣で』『大洪水』『パン・ヴォウォディヨフスキ』）で知られるヘンリク・シェンキェヴィチがいる。シェンキェヴィチは一九〇五年にノーベル文学賞を受賞した。このほか、ボレスワフ・プルス、エリザ・オジェシュコヴァ、ステファン・ジェロムスキ、ヴワディスワフ・レイモント（一九二四年にノーベル文学賞を受賞）らが活躍した。

美術では、ヤン・マテイコ、アレクサンデル・ギェリムスキとその兄マクシミリアン、ユゼフ・ヘウモンスキらが現れた。

この時代にワルシャワに生まれ育った人物に、後年ノーベル賞を二度受賞することになるマリア・スクウォドフスカ（フランス人科学者ピエール・キュリーと結婚し、日本ではキュリー夫人の名で知られる）がいる。彼女の自叙伝には、この時代の様子を描写した次のような記述がある。

マリア・スクウォドフスカ＝キュリー

子供たちは、たえず疑惑の目をもって監視されており、ちょっとでもポーランド語で話をしたり、あるいは不用意なことばをもらしたりすれば、それだけで自分たちはおろか、両親にも重大な不利益をもたらしかねないということをよく知っていました。こういう敵意にみちた環境のなかで、子供たちはあらゆる人生のよろこびをうばわれ、あまりにはやく芽ばえた不信と怨恨《えんこん》の感情は、悪夢のように彼らのおさない魂をくるしめました。しかし、他方では、このように異常な成長の条件が、ポーランドの若者たちの愛国的感情をはげしく燃えたたせたことも否定できない事実です。

（木村彰一訳）

諸政党の誕生

一八六〇年代後半から八〇年代にかけて、ポーランド王国では工業化が進み、それに伴い労働運動も活発になった。一八八二年、ルドヴィク・ヴァリンスキは初の社会主義政党「プロレタリアート」を結成した。しかし翌年、多数のメンバーが逮捕され、同党は解散を余儀なくされた。

一八九二年、ウッチで王国初のゼネラルストライキ（ゼネスト）が発生し、これを機に本格化政党の結成が急がれた。翌九三年、「プロレタリアート」の流れを汲むポーランド王国社会民主党が結成された。一九〇〇年、同党はポーランド王国・リトアニア社会民主党と改称し、民族の独立は目指さず、労働者の連帯を標榜《ひょうぼう》した。その中心的イデオローグは、のちにドイツでも活動することになるローザ（ポーランド読みはルジャ）・ルクセンブルクである。

これに対し、一八九二年にパリで結成されたポーランド社会党は、民族の独立を目指していた。社会党には二つのグループがあった。一つは労働運動を利用して民族独立を達成しようとする集団（長老派）で、もう一つは社会主義運動を民族独立に利用しようとする集団（青年派）である。前者の中心的活動家には、ティトゥス・フィリポヴィチ、ヴィトルト・ヨトコ＝ナルキェヴィチ、ユゼフ・ピウスツキ（後年、ポーランド共和国建国の父と呼ばれる）、レオン・ヴァシレフスキなどがおり、後者の主たる活動家には、マリアン・ビェレツキ、ユゼフ・チシェフスキ、ベルナルト・シャピロなどがいた。

一八九七年にポーランド王国で誕生した国民民主党も重要政党である。同党は民族主義を基本理念として掲げるが、即時の独立は目指しておらず、ロシア政府との妥協さえも選択肢の一つとしていた。反社会主義、反ユダヤを声高に語った。ロマン・ドモフスキが活動の中心人物である。

一九〇四年二月に勃発した日露戦争はポーランド人に多大な影響を及ぼした。七月、ピウスツキとフィリポヴィチは来日し、日本政府・軍部に対し、ロシアに敵対する日本とポーランドが軍事協力をすることは理にかなうと説明した。一方のドモフスキは、社会党の動きを事前に察知し、一足早く五月に来日し、日本政府・軍部に、ポーランドで革命が起こるような事態は日本にとって得るところがないと説得を試みた。日本側は結局、ポーランド社会党からの要請を断っている。ドモフスキの説得工作がどの程度影響したかは不明であるが、結果的には国民民主党側の勝利であった。

一九〇五年、第一次ロシア革命が起こると、これに呼応するように、ワルシャワ近郊やウッチの工業地帯を中心に約四〇万人がストに入った。

第一次大戦とその影響

ポーランド人はヨーロッパの体制を変革させるような大戦の勃発を待ち望んでいた。一九一四年六月二十八日、サライェヴォ（オーストリア帝国内のボスニア＝ヘルツェゴヴィナの首都）でオーストリア帝位継承者フランツ・フェルディナント夫妻がセルビアの一青年に暗殺された。オーストリアはセルビアに宣戦布告した。

セルビアを支持するロシアがこれに加わると、ロシアに対してドイツが宣戦布告した。こうして、ドイツ・オーストリア対ロシアの構図が生まれた。これはすなわち、ポーランド分割を行った当事国同士の対立を意味したので、ポーランドにとっては独立回復の好機と映ったのであった。戦争が勃発すると、ドイツもロシアもポーランドの協力を望んだ。しかし多年にわたる支配の後では、ポーランドはそのいずれも容易に信用することができなかった。

一九〇八年、ピウスツキとカジミェシュ・ソスンコフスキはガリツィアで「積極闘争同盟」を組織した。クラクフからポーランド王国へ向かった部隊は、のちのポーランド軍の核となった。一九一四年八月、ポーランド軍団が結成され、ロシアに対して戦うことになった。軍団の第一旅団長にはピウスツキが就任した。

一九一六年十一月、ドイツ・オーストリア両国は、ロシアから奪取した土地にポーランド世襲王国を建設すると宣言した。この「二皇帝の宣言」は、ポーランド人支配において、オーストリアがドイツに譲歩したことを示すものであり、同時にポーランド人の徴兵を容易にし、西部戦線へ送ることが狙いであった。しかしドイツは、ポーランド軍団は同盟組織とはなり得ないと判断し、一九一七年七月、ピウスツキを逮捕し、マグデブルク要塞《ようさい》に収監した。

同年九月、ワルシャワにポーランド王国の執行機関である摂政《せっしょう》会議が設けられた。ドイツの敗北は決定的となっていた。翌一八年、同盟国軍は軍事作戦をやめ、摂政会議はピウスツキにポーランド軍の指揮権を委《ゆだ》ねた。十一月七日、臨時政府が樹立された。四日後の十一月十一日、第一次大戦が終了し、ポーランドは一二三年ぶりに独立を回復した。

コラム　ポーランド人の姓

ポーランド人の姓は種類が極めて多く、四〇万種にも上る。外国人からは、発音しづらい、覚えにくいとよく言われ、事実そうなのだが、それらの姓にはどのような意味合いが秘められているのだろうか。ここでは、本書に現れるいくつかの姓を中心に説明したい。

-ski/-cki で終わる姓は全体の三五・六％を占め、最もポピュラーなタイプである。シュラフタ（中小貴族）起源で、地名由来のものが多い。-ski/-cki は形容詞の語尾で、たとえばクラコフスキ（Krakowski）ならば地名のクラクフ（Kraków）に由来し、本来「クラクフの」を意味する。-ski/-cki 型姓は女性形では -ska/-cka となる。チャルトリスキ（Czartoryski）、ドンブロフスキ（Dąbrowski）、ピウスツキ（Piłsudski）、シコルスキ（Sikorski）、コモロフスキ（Komorowski）、ヤルゼルスキ（Jaruzelski）、カチンスキ（Kaczyński）などは地名に由来していると考えられる。人名に由来する -ski/-cki 型姓もある。ヴァシレフスキ（Wasilewski）は人名バジリ（Bazyli）に由来している。キュリー夫人の旧姓スクウォドフスカ（Skłodowska）は地名・人名以外を派生源としており、「協力者」を意味する古ポーランド語のskładnikから来ている。

-akで終わる姓は「〇〇〇の息子」を意味し、全体の一一・六％を占める。パヴラク（Pawlak）は人名パヴェウ（Paweł）に由来する。一般名詞が派生源となっている場合もあり、キシュチャク（Kiszczak）はkiszka（「腸」の意）がもとになっている。

-ik/-ykで終わる姓は全体の七・三％を占め、先祖の職業名に由来している場合が多い。たとえばコヴァルチク（Kowalczyk）は「鍛冶屋《かじ》」を意味するkowalに由来する。人名派生の例も多い。ミフニク（Michnik）はミハウ（Michał）に、ミコワイチク（Mikołajczyk）はミコワイ（Mikołaj）に由来する。なお、コペルニク（Kopernik）はkoper（植物のイノンド）を派生源とする。

-iczで終わる姓は全体の二・三％を占め、人名派生の場合が多い。チモシェヴィチ（Cimoszewicz）、マルチンキェヴィチ（Marcinkiewicz）、ミツキェヴィチ（Mickiewicz）は、それぞれ人名ティモテウシュ（Tymoteusz）、マルチン（Marcin）、ミコワイ（Mikołaj）に由来する。バルツェロヴィチ（Balcerowicz）はドイツの人名バルツァー（Balzer）またはバルタザール（Balthasar）が起源と考えられる。

これ以外の接尾辞を持つ姓や、特定の接尾辞を持たない姓を列挙してみる。語源は代表的な説を挙げる。

・コシチュシュコ（Kościuszko）――①kość（「骨」の意）、②人名コンスタンティ（Konstanty）より

・ワイダ（Wajda）――①古ポーランド語のwajda（「牧夫のリーダー」の意）、②wajd-を語幹とする地名、ヴァイドゥフカ（Wajdówka）やヴァイディ（Wajdy）などより

・ゴムウカ（Gomułka）――①古ポーランド語のgomoły（「角《かど》のない」の意）、②gomółka（「球形・楕円形《だえんけい》のチーズ」の意）より

・ギェレク（Gierek）――①人名ゲルヴァジ（Gerwazy）、ゲルトルダ（Gertruda）、ゲラルト（Gerald）など、②grać（「遊ぶ、プレーする」の意）より

・ワレサ（Wałęsa）――wałęsać się（「漂う」の意）より

ちなみに、ショパン（Chopin）はポーランドの姓ではない（父親がフランス人）。「激しい一撃」の意である

第四章　両大戦間期

——束の間の独立とピウスツキ体制

第一次大戦後の国境の画定

一九一九年、パリ郊外のヴェルサイユで講和会議が開かれ、これにより正式に第一次世界大戦が終結した。しかし、ポーランドの境界線については曖昧な点が多かった。西部国境は、ポズナンとシロンスク（ポーランド南西部の地域名）の国境地帯がポーランド領とされた。グダンスク（ダンツィヒ）とバルト海につながる、いわゆる「ポーランド回廊」が設けられたため、東プロイセンとドイツ本国は切断された。グダンスクは国際連盟管轄下の自由市となった。ポーランドの一部地域の境界線は、住民投票によって決することになった。

ヴィエルコポルスカ（ポーランド中西部の地域名。中心都市はポズナン）は住民投票により帰属が決まることになっていた。しかし、ポズナン住民はそれを待たず、戦闘によりポーランドへの帰属を決める道を選んだ。ピアニストにして政治家のイグナツィ・パデレフスキのポズナン訪問にドイツが反対したことで、住民は蜂起した。戦いは一九一八年十二月に始まり、翌年二月まで続いた。蜂起は成功し、ヴィエルコポルスカはポーランド領となった。

シロンスクも住民投票により帰属が決定される地域であった。しかし、劣勢が予想されるポーランドは、二度にわたって蜂起を試みた（一九一九年と翌二〇年）。住民投票は一九二一年に実施され、予想どおりポーランドに不利な結果が出た（六〇%の住民がドイツへの帰属を希望）。シロンスクの大半がドイツ領となる可能性が出てきた。そこでポーランド住民投票委員会議長のヴォイチェフ・コルファンティはゼネストを宣言した。これが第三次蜂起へと姿を変えた。ポーランド側の完全勝利ではないものの、工業地帯を含む経済的に魅力ある地域がポーランド領となった。

ポーランド・ソヴィエト戦争

ポーランドとソヴィエト＝ロシアとの戦争は一九二〇年から翌二一年まで続いた。ボリシェヴィキ（ロシア社会民主労働党のレーニン派。「多数派」の意）はポーランドで労働者革命を遂行するため、可能な限り広い地域をポーランドから得たいと願った。一方ピウスツキは、ポーランド・リトアニア・ベラルーシ・ウクライナから成る連邦を構成し、ソヴィエト＝ロシアの動きを抑えたい考えであった。連合国最高会議は一九一九年十二月、ポーランドとロシアの暫定国境を、いわゆる「カーゾン線」とする案を採択した。これはイギリス外相ジョージ・カーゾンが提唱した境界線で、ビャウィストク（ポーランド北東部の都市）の東と、ブク川（ヴィスワ川の支流）とを結んだ線にほぼ沿うものであった。しかし、ピウスツキは最高会議の決定には承服しなかった。

一九二〇年五月七日、ポーランド軍はキエフ（ウクライナの都市）を占領したが、ソヴィ

ヴィスワの奇跡　イェジ・コッサク画

エト軍が反撃に出たため、エドヴァルト・シミグウィ＝リッツ元帥は撤退を命じた。七月三十日、ポーランド人コミュニストはビャウィストクでポーランド臨時革命委員会を組織した。ポーランド軍は苦戦ののち、八月、ワルシャワ近郊でソヴィエト軍の進軍を食い止めた（いわゆる「ヴィスワの奇跡」）。戦争は一九二一年三月、リガでの調印をもって終わった（リガ条約）。

ポーランドは約三九万平方キロメートルの領土と二七〇〇万の人口を有する国家となった。しかしポーランド人人口は七割弱で、他民族（主にウクライナ人、ベラルーシ人、ユダヤ人、ドイツ人）が三割以上を占めた。

三月憲法

一九二一年三月十七日、ポーランド共和国憲法が採択された。このいわゆる「三月憲法」はフランス第三共和政憲法を模範にしていた。その骨子は次のとおりである。

任期七年の大統領は上下両院によって選出される。大統領は内閣を任命するが、内閣は下院に対してのみ責任を負う。国会に自らの解散権があり、大統領は上院の三分の二の同意なしには議会を解散できない。

このように立法府の権限が強く、行政府の権限が弱いのは、ピウスツキが大統領に当選し権力を独占することを懸念した、国民民主党の策略によるものであった。これに対し、ピウスツキは大統領への立候補を辞退した。

翌一九二二年十二月九日、ガブリエル・ナルトヴィチがポーランド初代大統領に選ばれた。彼の当選の背景には議会左派と中道勢力の票があった。議会右派は、ナルトヴィチが選ばれたのはユダヤ票があったからだと喧伝《けんでん》した。その喧伝に乗った狂信的民族主義者のエリギウシュ・ニェヴャドムスキは、十二月十六日、ナルトヴィチを暗殺した（ニェヴャドムスキは翌年処刑）。

同月二十日、ナルトヴィチの後任に、ピウスツキが支持したスタニスワフ・ヴォイチェホフスキが選ばれた。

ヴォイチェホフスキ大統領との会談後のピウスツキ（中央）

ピウスツキ体制

ピウスツキは大統領選への立候補辞退を表明したのち、スレユヴェク（ワルシャワ近郊の小都市）に隠遁《いんとん》していた。その一方で、政治にコミットし、政治家を痛烈に批判し、議会とは対立関係にあった。

一九二六年五月十日、政敵のヴィンツェンティ・ヴィトスが首相に就任すると、二日後、ピウスツキはクーデタを決行した。腹心のルツィアン・ジェリゴフスキ将軍はワルシャワ近郊のレンベルトゥフにピウスツキ派の部隊を集結させた。戦闘は三日間続き、死者は五〇〇名に達した。ヴォイチェホフスキ大統領とヴィトス首相は辞任した。

クーデタは成功裡に終わったが、ピウス

ツキは全権掌握には向かわなかった。大統領にはイグナツィ・モシチツキが、首相にはカジミェシュ・バルテルが就いた。ピウスツキ自身は国防相に就任した。しかし、一九二六年十月—二八年六月にはピウスツキが首相に就いている（バルテルは副首相を務めた）。

一九二八年三月に選挙が行われた時、ピウスツキ陣営は政府機能強化以外に明確な綱領を示さなかった。選挙結果は、新政府勢力二五・七％、左翼二六・八％、少数民族二一・六％となった。バルテルは同年六月、再び首相になった。

選挙後、与野党の対立が顕著になる。事の発端は、政府が選挙において国会の承認を経ず国庫から八〇〇万ズウォティを流用したことであった。一九二九年三月、ガブリエル・チェホヴィチ蔵相は弾劾《だんがい》され、バルテル首相も辞表を提出した。ピウスツキは翌月、カジミェシュ・シフィタルスキを首相に指名した。

一九二九年十月、ピウスツキは武装した将校一〇〇名と開催中の国会に姿を現し、イグナツィ・ダシンスキ下院議長の制止に耳を傾けることもなく議会を威嚇《いかく》した。十二月、再度バルテルが組閣した。その後も短命内閣が続いた（ヴァレリ・スワヴェク内閣〈三〇年三—八月〉、第二次ピウスツキ内閣〈三〇年八—十二月〉）。

一九三〇年十一月、総選挙が行われるが、事前に多数の野党活動家が逮捕されており、親政府派が勝利するように仕組まれたものだった。選挙後の十二月四日、第二次スワヴェク内閣が発足した。その後、首相ポストは、ピウスツキに忠実ないわゆる「大佐グループ」の間で持ち回りされることとなった。ピウスツキ主義者は「サナツィア（浄化、健全化）」と呼ばれた。サナツィア派は一九三五年には憲法改正を実施し、いわゆる「四月憲法」を成立させた。四月憲法は、国会の権限を縮小させ、大統領に絶大な権限を与えるものであった。

一九三五年五月、ピウスツキが逝去した。ピウスツキが独裁者であったことは否定し得ないが、ファシストであったとまでは言い切れない。サナツィアが大衆運動になったこともなく、反ユダヤ主義を主張した事実もない。否むしろ、ピウスツキは少数民族の擁護論者であった。そもそもサナツィアは左から右までの範囲が広く、ピウスツキはその時々でサナツィア左派と大佐グループの使い分けをしていたのであった。ピウスツキは戦後の社会主義時代には糾弾されるか無視されるかであったが、一九九一年の共産政権崩壊以降は、建国の父として再評価されている。

一九二〇年代後半から三〇年代にかけての政情不安は、世界恐慌でいっそう混乱した。農業国ポーランドはもろに恐慌の影響を受けるかたちとなった。影響は工業にも及んだ。失業も深刻で、一九三五年には四割に達した。

第二次大戦直前のポーランド外交

ポーランド外交の基本はフランスとの同盟関係の優先であったが、ドイツ・ソ連両大国との間に等距離を保つという姿勢に転じた。一九三二年、ソ連と不可侵条約を、三四年、ドイツ（三三年、ヒトラーが首相に就任）と不可侵条約を締結した。親仏外交を採るアウグスト・ザレスキ外相に代わり、三二年、ユゼフ・ベックが外相のポストに就いた。三五年にピウスツキが没すると、ベックは親独的な外交を展開するようになる。しかしドイツの再軍備以降、ベック外交は綻《ほころ》びを呈する。ドイツのオーストリア併合に与《くみ》したり、ミュンヘン協定に乗じてチェコからチェシン地方を奪うなどした。さらに、ベルリン・ローマ枢軸に続く東欧諸国連合を構想した。ベック外交は、独ソ両国の間に位置するポーランドの地政学的位置を誇大に捉えた産物であった。

一九三八年十月二十四日、ドイツ外相ヨアヒム・フォン・リッベントロップは駐独ポーランド大使ユゼフ・リプスキに対し、一連の要求を提示した。グダンスク（ダンツィヒ）のドイツへの併合を認めること、ポモジェを経由して東プロイセンとつながる高速道路ならびに鉄道の敷設を認めること、ポーランドの防共協定（コミンテルン〈共産主義政党による国際組織〉の打倒を目指して一九三六年に日独間で締結）への参加を求める、というものであった。ポーランドはこれらの要求を完全に斥《しりぞ》けた。リッベントロップは翌三九年一月二十五—二十七日にワルシャワを訪れ、要求を繰り返すが、ポーランドの回答は変わらなかった。ドイツ・ソ連両国との間に等距離を保つという外交方針からも、ドイツに譲歩することはできなかったのである。リッベントロップのこの一月の訪問について、ベックはのちにこう回顧している。

リッベントロップはいっそう執拗《しつよう》にダンツィヒと通行問題に話を戻した。一方彼は(…)反ソで協調することを最後的に試みた。(…)「あなたは海の問題で頑《かたく》なだ。黒海だって海ですよ」とまで言った。(…)ブランカ宮殿での混迷を極めた最後の会談で私はリッベントロップにはっきりとこう言った。「ダンツィヒと高速道路に関して我々から聞いたことを総統に報告するにあたり、間違ってもどうか楽観的になっていただきたくない。間違いのもとです。我々の論拠や見解を無視してこれらの問題解決のためのテーブルに着こうとするならば、事態は重大な紛糾を免れないでしょう。いま一度、楽観的見方に警告を与えておきます」。

しかし、三月二十一日、リッベントロップは再度リプスキに要求を突きつけた。ポーランドは今度も要求を斥けた。同時にイギリスとの交渉を進め、結果的にイギリス首相ネヴィル・チェンバレンから次の言葉を引き出した。「ポーランド政府が自国の軍事力で抵抗する必要を認める。明らかに独立を脅かす行動に対しては、イギリス政府は可能となるあらゆる手段を通じてポーランドを支援することが義務である」（三月三十一日の下院議会）。四月十三日、フランスもイギリス政府と同様の保障をポーランドに対して行った。四月二十八日、ヒトラーは一九三四年に締結されたドイツ・ポーランド不可侵条約の破棄を宣言した。ドイツ・ポーランド関係は日増しに悪化していった。しかし、ベックはなお戦争の危機を現実的に捉えていなかった。

コラム　国際共通補助語エスペラント

エスペラントとは、ユダヤ系ポーランド人眼科医のルドヴィク・ザメンホフ（一八五九―一九一七）が創案し、一八八七年に発表した計画言語（人工語）である。計画言語と聞くと、コンピュータ言語のようなものをイメージしがちであるが、エスペラントは既存の自然言語に大きく依拠した言語である。語彙《ごい》に関していえば、ロマンス系言語由来が約七五％、ゲルマン系言語由来が約一四％、スラヴ系言語由来が約一％、ギリシャ語由来が約五％という調査結果があり、借用が極めて顕著であることが明らかである。

ザメンホフのエスペラント創案には、彼が生まれ育った環境が影響していた。彼は帝政ロシア支配下のポーランドの都市ビャウィストクに生まれた。ロシア語、ポーランド語、ドイツ語、イディッシュ（主として東欧系ユダヤ人により用いられた、ドイツ語の変種）などを母語とする多民族が住む街であり、しかも互いの民族が敵対していた。幼少の頃のザメンホフは、言葉の違いが対立の原因と考え、互いに共通の言語があれば、この問題も解決されるのではないかと思ったのだった。ただし、それだけがエスペラント創出の理由ではない。

ザメンホフはユダヤ問題の解決の点でもエスペラントには利用価値があると考えていた。ディアスポラ（民族離散）の歴史があるだけに、この場合、ある自然言語（あるいは民族語）をユダヤ民族の共通語として採択するだけでは言語面での本質的問題解決にはならない。

ザメンホフとほぼ同時代のリトアニアに生まれたエリエゼル・ベン・イェフダー（一八五八—一九二二）は、言語の持つ政治力に気づいていた。ベン・イェフダーは先祖が使っていたヘブライ語に、英語やアラビア語を取り入れつつ、現代に再生させることで、現代ヘブライ語を〝創造〟したのであった。ベン・イェフダーの試みが成功したのは、リンガ・フランカ（国際共通語）を求めるユダヤ民族の切実な要求があったからにほかならない。世界に散り散りになったユダヤ人が故地パレスティナに帰還するにあたり、それぞれの土地の言葉ではなく、共通語を必要としていた。現代ヘブライ語は再生された言語であることから、中立的な言語であった。この点もイスラエルの公用語とするうえで重要な点であった。ユダヤ民族の信仰の言語であったという事実も無視できない。現代ヘブライ語は、計画言語が数百万人の言語となり得ることを示している。このことは同時に、やはり計画言語は国家語として採択されることがなければ、機能することは容易ではないということを示している。

ザメンホフもまた古典語の再生を考えたことがあった。どんなにラテン語や古典ギリシャ語が難解でも、これらの言語がユダヤ民族にとってのヘブライ語のような求心力を持っていたのであるならば、人類共通の言語として現代に再生させることは可能だったかもしれない。

エスペラントの習得は比較的容易であるが、そこには創案者による多数の工夫があった。たとえば、文字と発音の間にほぼ一対一の対応関係があること、文法が極めて簡便であること（文法の要はわずか一六項目にまとめられる）、例外が皆無に近いこと、明快な造語法などいくつも数え上げられる。こうした普及上のメリットがありながら、世界の現在のエスペラント人口は、多めに見積もっても一〇〇万人程度に過ぎない。一世紀を超える使用の歴史からすれば、この数値は決して多いとは言えないだろう。

ザメンホフが計画言語を創案する必要を感じたのには、前述のように、複数の民族がいがみ合う光景が日常茶飯事だった故郷の土地柄が影響していた。しかし今日、同じ言語を用いながら敵対関係にある国家も存在するのだから、共通言語があれば事足りるという単純な話ではない。エスペランティスト（エスペラント話者）の中には、島でも購入し、独立国を興し、そこの公用語をエスペラントにしたらどうだろうと考える人もいる。この場合、次世代以降ではエスペラントはピジン・クレオール化し、ごく普通の民族語の一つとなることだろう（異言語間コミュニケーションの産物として生まれた言語がピジン言語。それが次世代で母語となったものがクレオール言語）。そうなれば、複数民族の橋渡し的言語としてのエスペラントの理念は失われることになろう。

エスペラントに懐疑的な人からの質問で最も多いものに、「エスペラントで感情の機微が表現できるのか」「エスペラントに（創作）文学はあるのか」「エスペラントに文化の名に値するものはあるのか」が挙げられる。最初の質問については、「ほぼ可能」というのが私見である。第二の質問に対する答えは「ある」が正解で、それ以外の答えはない。エスペラントでは、その誕生の瞬間から創作文学が存在する。第三の質問に対する答えも「ある」が正解である。一三〇年余りの使用の歴史を経て、エスペラントにも独自の文化がある。一例として、創作文学などに垣間見《かいまみ》えるコスモポリタニズムを指摘できるだろう。

エスペラントでかなり細かいニュアンスが表現できることは事実であるが、自然言語の場合ほどには慣用表現が多くない。各エスペランティストが自分の母語に依拠した慣用表現を創造・多用したならば、コミュニケーションが成立しない場合が出てくるだろう。まさにこうした点が、エスペラントの方言化・分化にブレーキをかけているようだ。日本人エスペランティストには日本語的なエスペラントが、ポーランド人エスペランティストにはポーランド語的なエスペラントが散見されるのは事実であるが、それぞれが相手に理解可能なエスペラントを用いようと努力する傾向がある。それゆえ、エスペラントの表現は直接的なものが少なくなく、紛らわしい表現は多くない。しかし、これをもって「感情の機微が表現できない」と結論することは曲解である。

これからの数十年でエスペラント人口が爆発的に増加するような兆しは見られない。今後エスペラントの普及がある程度進むとすれば、カギを握っているのは次の二点ではなかろうか。一つは、英語などのメジャー言語の母語話者が、その〝既得権益〟に拘泥せず、いかに他言語を尊重するような謙虚な民となれるかという点である。つまり、英語話者などの意識改革である。いま一つのポイントは、現段階で暇人の道楽や余技のように思われているエスペラントが、経済的にも魅力ある言語（つまり、「エスペラントで、食える」ということ）となり、生活に余裕があまりない途上国でも広まることである。

一九八〇年の第三六回エスペラント国際青年大会では、いわゆる「ラウマ宣言」が採択された。これはエスペラントの現在の普及状況を肯定的に捉え、各自の関心や興味に応じてエスペラントに接していけばいいのではないかというアプローチである。エスペランティストの中には、「運動《モヴァード》」という表現を好み、普及活動に熱心な人も多いが、ラウマ宣言に与する選択肢も許されていいのではなかろうか。

第五章　ナチス・ドイツの侵攻と大戦勃発

——亡命政府と地下国家の成立

第二次大戦勃発

一九三九年九月一日未明、グダンスク（ダンツィヒ）を親善訪問中のドイツ巡洋艦シュレスヴィヒ・ホルシュタイン号が同地のポーランド守備隊に突如として発砲を開始した。第二次世界大戦の始まりである。

ドイツ軍の優位は歴然としていた。兵員数はドイツ軍一八五万人に対しポーランド軍九五万人、火砲はドイツ軍一万一〇〇〇門に対しポーランド軍四三〇〇門、戦車はドイツ軍二八〇〇両に対しポーランド軍七〇〇両、航空機はドイツ軍二〇〇〇機に対しポーランド軍四〇〇機であった。軍事力に関しては、ポーランド軍の主力は騎馬隊であったとの説が流布していた。九月戦役を描いたアンジェイ・ワイダ監督の映画「ロトナ」（一九五九年）などでは確かにそのような描写があり、こうしたイメージの確立に一役買ったことは間違いない。しかし、当時ポーランド軍で騎兵は全体の一割にも満たなかった。馬に乗ってドイツ軍戦車に挑む姿は、勇猛果敢に風車に挑んだドン・キホーテの姿を連想させるが、ポーランド軍の実情を正しく伝えているとは言えない。

九月三日、英仏両国はドイツに宣戦布告した。しかし、実際に両国が軍事作戦に入ることはなく、静観するばかりであった。同月六日、ポーランド政府はワルシャワを離れた。国の統治機能を温存するためには、やむを得ない決断であったとも言えよう。ワルシャワには市長のステファン・スタジンスキが残り、執務を続けた。同月二十八日、ワルシャワ降伏。一部の都市ではなおも戦闘が続いたが、翌十月五日にコツク（ルブリン近郊の小さな町）の降伏をもって九月戦役は終結した。同日、ヒトラーはワルシャワでパレードを行った。

ワルシャワ市長スタジンスキ

スタジンスキは連日ラジオで世界に向け、ワルシャワを支援するように訴え続けた。一九三九年九月二十三日に行った彼の最後のラジオ演説は次のとおりである。

ワルシャワが偉大となることを私は望みました。偉大となると私は信じていました。私と私の協力者は計画を練り、将来の偉大なるワルシャワの見取り図を描きました。そして、ワルシャワは実際偉大なのです。私たちが思っていたよりも早く、それが実現することになりました。五〇年後、一〇〇年後ではなく、今私は偉大なるワルシャワを目にしています。みなさんに向かって語りかけている今、私は窓越しに、その栄光ある全容を目にしています。煙と赤い炎に包まれた、立派な、不滅の、偉大なる戦うワルシャワを。立派な孤児院が建つことになっていたあの場所には瓦礫《がれき》が積もり、公園となるはずだったあそこで

スタジンスキ

は、多くの死体が今バリケードになっています。私たちの図書館が燃え、病院が燃えています。五〇年後、一〇〇年後ではなく、今ワルシャワはポーランドの誇りを守りながら、そのクライマックスを迎えています。

九月三十日、降伏後初めてワルシャワにドイツ軍が現れた。翌十月三日までにワルシャワ全域がドイツ国防軍の支配下に置かれた。早くも十月初旬にはインテリ層を中心に数百名が逮捕され、収容所や監獄に送られている。

スタジンスキは、降伏後も市民生活が以前のように営めるように最大限の努力をした。その結果、十月初旬には市中央で路線バスの一部が、また同月十八日には北のジョリボシュ地区で路面電車の一部が運転を再開した。さらに、食料品やその他の生活必需品の安定供給、公衆衛生、教育の再開についても、スタジンスキは心血を注いだ。

スタジンスキ逮捕

ドイツ軍は当初、スタジンスキが停戦文書での取り決めの忠実な履行者であるとの判断から、その一連の行動を大目に見ていた。しかしこれも長くは続かず、スタジンスキ自身、十月中旬には自分が近日中に逮捕されることを察知していた。同月二十七日、スタジンスキは市庁舎の自分の執務室でゲシュタポに逮捕された。

逮捕時の様子について、当時執務室に居合わせたワルシャワの国立美術館館長のスタニスワフ・ロレンツはこう回想している。

十月二十七日午後二時、私がスタジンスキ市長の執務室にいる時、突如ゲシュタポの将校二人（…）が現れ、私たちのどちらがスタジンスキかと問うと、彼〔スタジンスキ〕に（…）後についてくるように命じた。これが逮捕で、尋問が行われた後も市長が戻ってこないことは明らかであった。（…）市長は無言で私と握手をすると、自分から執務室を出、その後に二人の将校が続いた。

スタジンスキはワルシャワの監獄を二度移動させられた。パヴャク監獄に投獄されていた時、地下組織が救出作戦を準備した。当時監獄の職員で、脱出の手引きをすることになっていたイレナ・ヴィルシウォによると、スタジンスキは、「私は残る。私を救い出そうとすることで、あなた方の多くの命が奪われることになるかもしれない。私は最後まで頑張る」と答えたという。

スタジンスキは一九三九年のクリスマス直前にパヴャクから他の監獄に移されたが、その後の詳細は不明である。同年十二月下旬にドイツ軍によって処刑されたとする説が有力である。

スタジンスキは今日なお、ポーランド人に最も敬愛される人物の一人である。その使命感、責任感については学ばされるところが多い。一九八一年一月十六日、ワルシャワのサスキ公園にスタジンスキの銅像(ルドヴィカ・ニチョヴァ作)が建った。さらに一九九三年十一月十日には、彼の生誕一〇〇周年を記念して、「銀行」広場で、ワルシャワの地図の上に身を屈《かが》める新しいスタジンスキ像(アンジェイ・レネス作)の除幕式が挙行された。

ソ連軍の侵攻と第四次ポーランド分割

時間を戻そう。一九三九年九月十七日、ソ連軍(赤軍)がベラルーシ人とウクライナ人の保護を理由に挙げ、東からポーランドに越境してきた。ドイツ軍の攻撃を前にして東へと撤退するポーランド軍は、反対側からもう一つの外国軍に襲われたのであった。

ソ連軍によるポーランド侵攻は、ドイツにとって事前の諒解《りょうかい》事項であった。大戦勃発一週間前の八月二十三日、モスクワでドイツ外相リッベントロップとソ連外相ヴャチェスラフ・モロトフは独ソ不可侵条約を結び、その秘密議定書でポーランド分割（十八世紀の三度の分割に次ぐものとして「第四次ポーランド分割」と呼ばれることがある）を取り決めていた。秘密議定書の第一項と第二項には次のようにある。

一、バルト諸国（…）の領土的・政治的再編については、リトアニアの北部国境をもってドイツとソ連との勢力圏の境とする。この際、ヴィリニュスについては調印国双方が利害を共有する。

二、ポーランドの領土的・政治的再編については、ナレフ、ヴィスワ、サンの河川をドイツとソ連との勢力圏の境とする。ポーランドを独立国としておくか、その国境線をどう定めるか――これらは今後の政治的進展により決定される。いずれにしても、両政府は本問題を友好条約により解決する。

ソ連はポーランド侵攻後、ドイツにリトアニアを要求する一方、自国の勢力下にあるワルシャワ県の東部とルブリン県を譲渡する考えを示した。こうして九月二十八日、新たな勢力圏が確定した。ヴェルサイユ条約で再生したポーランドは、わずか二〇年で再びヨーロッパの地図から姿を消した。翌十月三十一日、ソ連最高会議でモロトフは、ドイツとの同盟を自画自賛し、ポーランドに関し、「ヴェルサイユ条約の私生児はもういない」と発言したのであった。

ポーランド亡命政府と国内地下組織の成立

ソ連軍がポーランドに侵攻した九月十七日、ポーランド政府と軍幹部はルーマニアに逃れた。しかし翌十八日、ドイツの影響下にあるルーマニア政府により、ポーランド側幹部が拘留される事態となった。九月三十日、ポーランド大統領イグナツィ・モシチツキは辞任し、後任にヴワディスワフ・ラチュキェヴィチを任命した。同日、フェリツィアン・スワヴォイ＝スクワトコフスキも首相を辞任し、ヴワディスワフ・シコルスキが後任に任命された。シコルスキはフランスで組閣に着手した。亡命政府は勤労党、国民党、農民党、ポーランド社会党右派から成る挙国一致政府の形態をとり、ポーランド国内の広範な支持を得ることになった。シコルスキは十一月七日には軍最高司令官にも任命され、ポーランド亡命軍にあたる「ポーランド武装勢力」の創設に取り組んだ。

一九四〇年六月二十二日、頼りにしていたフランスがドイツに早々と降伏するという予想外の事態が起こった。前日の二十一日、ポーランド亡命政府はロンドンに移っていた。ポーランド武装勢力はスコットランドに拠点を設けた。その数は二万五〇〇〇人に上った。
一方、ワルシャワでは早くも一九三九年九月二十七日に、地下抵抗組織である「ポーランド勝利奉仕団」が発足していた。同組織は「武装闘争同盟」を経て、一九四二年二月十四日からは「国内軍」と名乗った。国内軍はロンドン亡命政府に忠実な軍事組織である。初代司令官にはステファン・ロヴェツキが就任。一九四四年前半の最盛期には三〇万強の兵力を有した。

ナチス・ドイツによる占領政策

ナチス・ドイツによる占領には二種類の統治があった。一九四〇年十月八日のヒトラーの指令により、ポモジェ・ポズナン・シロンスク各県、ウッチ県の大半、クラクフ県の西部、ワルシャワ・キェルツェ県の一部は、第三帝国に直《じか》に併合された（併合地区）。残りの地域は総督に従属する「総督管区」として占領された。総督となったハンス・フランクはクラクフに本拠を定めた。併合地区は面積九万四〇〇〇平方キロメートル、人口九五〇万人、総督管区は面積九万四一〇〇平方キロメートル、人口一二〇〇万人であった。

ナチス・ドイツの政策はポーランド人を単なる奴隷労働者とすることであり、それゆえ、知識階級が迫害の対象とされた。総督管区では中等教育以上の教育機関は閉鎖された（併合地区ではすべての学校が閉鎖)。大量逮捕と処刑が日常的な光景となった。占領者は被占領者をドイツへ強制労働に送った。

とりわけ受難だったのはユダヤ人である。大戦当初のポーランドのユダヤ人人口は九・七%(三五〇万人)であった。ユダヤ人を幽閉するため、四方をコンクリートの高い塀で囲った「ゲットー」が設けられた。その数はポーランドだけで約四〇〇に及んだ。総督管区内で最大のゲットーが、一九四〇年四月からワルシャワに築かれた(翌四一年には四五万人を収容)。ゲットーでは飢餓が日常的であった。ユダヤ人に対するドイツ軍の配給は日にわずか一八四キロカロリー(現在の標準的摂取カロリーの一〇分の一以下)であり、栄養失調から自然死するように仕組まれていた。五〇万人がゲットーで亡くなったと推定されている。

運よくゲットー行きを免れたユダヤ人の中には、リトアニアに逃れた人もいた。一九四〇年七―八月に、カウナス(リトアニア第二の都市)駐在日本領事館領事代理の杉原《すぎはら》千畝《ちうね》に出国ビザを発行してもらい、数多くのユダヤ人が救われた。その経緯は杉原の妻幸子《ゆきこ》が著した『六千人の命のビザ』に詳しい。

一九四二年一月、ドイツ第三帝国治安本部はヴァンゼー(ベルリンの高級住宅街)での会議で、ユダヤ人の根絶を目標とした「最終解決」案をまとめた。こうしてヘウムノ、ベウジエツ、ソビブル、トレブリンカ、マイダネク、オシフィエンチム(いずれもポーランド国内の

アウシュヴィッツ絶滅収容所　右が囚人収容棟，左が調理場

地名）に絶滅収容所が築かれた。ワルシャワ・ゲットーからトレブリンカ収容所への移送も一九四二年七月から九月に実施された。その数は三〇万人にも及んだ。

ポーランド亡命政府の密使のヤン・カルスキは、ポーランドと亡命政府の間を二度にわたって行き来し、ホロコーストほか重要情報を西側に伝えた（本章末のコラムで詳述）。カルスキは実際に絶滅収容所に潜入することはなかったが、オシフィエンチム（ドイツ読みはアウシュヴィッツ）の収容所に自ら志願して入り、その後脱獄に成功し、収容所の内実を西側に伝えたポーランド人がいた。ヴィトルト・ピレツキである。余談になるが、ピレツキは戦後の人民ポーランドにおいて反体制派人物として、最終的に国家反逆罪の廉で逮捕、処刑されることになる。

ウムシュラークプラッツ

ワルシャワのスタフキ通りとジカ通りが交差するところに、「積み換え場」（ドイツ語のウムシュラークプラッツ〈UMSCHLAGPLATZ〉というプレートがあり、ポーランド語に訳されることもなく、このままの名で呼ばれている）というモニュメントがあるが、この場所は誰がいかなる目的で利用したものなのであろうか。

一九四二年七月二十二日、ドイツ軍はワルシャワ・ゲットーの廃止に着手した。この計画によれば、毎日六〇〇〇人が、占領当局と協力関係にあった「ユーデンラート」（ユダヤ委員会）から命令を受け、貨物列車の積み換え場所であるウムシュラークプラッツに送られることになっていた。目的地はトレブリンカで、そこのガス室で全員が殺される運命にあった。公には、ゲットーの人々は東方での労働に送られたということになっていた。しかし、しばらくすると、トレブリンカから脱走する者が現れ、ドイツ軍による虐殺の事実が伝えられた。これに対し、ユーデンラートはそれを否定する内容の声明を出した。

これと同時に「ユダヤ生活委員会」は、労働キャンプに行きドイツのために奉仕するならばパン三キロとジャム一キロを与えると発表した。何千という人々が自らの意思でウムシュラークプラッツに向かい、そしてここからトレブリンカへと送られた。間近に迫る死を予感しながらも、このような選択をした人々がいたことは、生きることに疲れた人がそれだけ多かったことを如実に示している。

トレブリンカへの移送は、一九四二年七月二十二日から同年九月二十一日まで行われ（一時的中断を含む）、三〇万人以上が殺害された。また、この時期に、ゲットー内やウムシュラークプラッツで殺害された人も約六〇〇〇人に上った。ワルシャワ・ゲットーには五万数千人のユダヤ人が残されただけであった。

一方、ポーランド社会はユダヤ人のゲットーからの救済を急いだ。これには事実上、全地下抵抗組織が参加していたが、組織に属さない個人としての協力も多数あった。一九四二年秋には「ユダヤ救済委員会」（同年十二月に、「ユダヤ救済評議会『ジェゴタ』」に改編）が発足し、財政的に多大な協力をした。ポーランド亡命政府は世界に向け、ナチスに対しこの問題で圧力をかけるよう訴えたが、奏功しなかった。結局、ゲットーのユダヤ人に対する直接的協力はポーランド人によるものだけとなった。ユダヤ人を匿《かくま》うなどした場合には処刑されるだけに、ポーランド人としては命がけの協力であった。

コルチャック先生

アンジェイ・ワイダ監督が一九九〇年に制作した「コルチャック先生」が翌年日本でも公開され、それまであまり知られてこなかった、医師であり作家でもあり教育者でもあったヤヌシュ・コルチャック（本名ヘンリク・ゴルトシュミット）の名がマスコミでも取り上げられるようになった。彼もまたウムシュラークプラッツからゲットーを離れていった一人である。コルチャックの運営する孤児院はシリスカ通り九番にあった。現在、この通りはワルシャワに存在しない。市中央に位置する文化科学宮殿の内部にある「人形」劇場が孤児院のおおよその位置にあたる。一九四二年八月五日、コルチャックは二〇〇人の孤児と一緒にウムシュラークプラッツに向かった。コルチャックにはゲットー脱出の便宜を図ってくれる人もいたのであるが、彼はそれを固辞し、孤児たちと運命を共にしたのである。

彼らの最期について詳しいことはわかっていない。コルチャックが移動するのを目撃したというマレク・ルドニツキによると、貨車は消毒剤や塩素の臭気で充満しており、石灰水も流れ出していたという。コルチャックも大多数の子どももトレブリンカ到着前に窒息し、絶命していただろう、と述べる。殺菌はおそらく事実であろうが、死体焼却までの運搬を考えると、ドイツ軍は貨車内で窒息させるようなことはしていなかったのではないかと思われる。

ワルシャワ・ゲットー蜂起四五周年にあたり、一九八八年四月十八日、ウムシュラークプラッツ跡地に、ハンナ・シュマレンベルクとヴワディスワフ・クラメルスの共同設計によるモニュメントが築かれた。壁には戦前のユダヤ人社会で最もポピュラーだった四〇〇の名前（ファーストネーム）が刻まれている。

シコルスキ・マイスキー協定

一九四一年六月二十二日、ドイツ軍は不可侵協定を破り、ソ連への攻撃（バルバロッサ計画）を開始した。独ソ両国が戦うなかで、ポーランドの独立回復の可能性も出てきた。チャーチルの示唆《しさ》により、七月五日からロンドンでポーランド亡命政府とソ連政府との間で、両国の同盟協定締結のための交渉が始まった。同月三十日に調印された協定（いわゆるシコルスキ・マイスキー協定。イヴァン・マイスキーは駐英・ソ連大使）では、領土問題は棚上げにし、①ソ連は一九三九年の独ソ協定を破棄すること、②独ソ戦での相互協力、③ソ連領内でポーランド軍を創設することが決められた。ポーランド亡命政府首相のシコルスキは対独戦に勝利することを第一と考え、ソ連との良好な関係の構築を優先したのであった。

シコルスキ・マイスキー協定はポーランド亡命政府内に亀裂《きれつ》を生じさせた。ソ連との協調に反対する外相アウグスト・ザレスキ、法相マリアン・セイダと無任所大臣カジミェシュ・ソスンコフスキが辞任した。代わってスタニスワフ・ミコワイチク（副首相兼内相）、ヘルマン・リーベルマン（法相）、カロル・ポピェル（無任所大臣）、エドヴァルト・ラチンスキ（外相）が入閣した。

アンデルス軍の創設

ソ連軍はポーランドに侵攻後、一〇〇万余のポーランド人をシベリアなどに強制的に移送していた。シコルスキ・マイスキー協定締結後、こうしたポーランド人に特赦《とくしゃ》が認められた。

ポーランド市民の解放と並んで重要な案件だったのが、在ソ・ポーランド軍の創設であった。一九四一年八月六日、シコルスキはその指揮官にヴワディスワフ・アンデルスを任命した。アンデルスのもとには、ポーランド人が多数集まった。

同年十二月、シコルスキはモスクワに飛び、スターリンとの会談に臨んだ。シコルスキにはアンデルスと駐ソ・ポーランド大使のスタニスワフ・コットが、スターリンには外相モロトフが同席し、主にソ連領内のポーランド軍の創設について話し合いが持たれた。シコルスキとアンデルスはこの席で、参集したポーランド兵が悲惨な状態に置かれていることから、イランに一時撤退させ、そこで療養させ、態勢を整えてから、連合軍の兵力として貢献させたい旨を述べた。スターリンは「お好きなように」と返答した（実際に、イランへの撤退は一九四二年三月から行われ、のちに西部戦線で戦っている亡命軍に合流した。一九四四年のイタリアのモンテ・カシノ戦での武勲は有名）。スターリンはアンデルス軍の反ソ色を見ていたので、ポーランド亡命政府側からの提案はスターリンにとって渡りに舟であった。シコルスキはまた、四〇〇〇人余のポーランド人将校が行方不明になっている問題を持ち出した。スターリンはこれに対し、「おそらく満州《まんしゅう》に逃亡したのであろう」と答えた。スターリンがカティンでの虐殺（後述）を知っていたことは言うまでもない。

ポーランド人コミュニストの活動

一九四二年一月、ポーランドのコミュニストはコミンテルンから活動再開の許可を得た（両大戦間期にポーランド共産党という政党が存在したが、一九三八年に、トロツキー主義の汚名を着せられ、解党させられていた）。ソ連からポーランドに帰国したマルツェリ・ノヴォトコ、パヴェウ・フィンデル、マウゴジャタ・フォルナルスカらが国内のコミュニストを集め、ポーランド労働者党を組織した。一九四二年夏の公式統計では、労働者党党員四〇〇〇人、党の軍事力である「人民防衛軍」（三月二十八日発足）は三〇〇〇人を数えていた（これらの人数に誇張があったことは確実である）。

労働者党成立に関する大きな特徴は、当面の課題を民族の独立に置き、ポーランドの社会的・民族的解放を結びつけたことである。同党はその成立当初から、亡命政府をも含む反ファシズム戦線の結成を呼びかけていた。

一九四三年三月一日、労働者党は綱領的宣言「我々は何のために戦っているのか」（小宣言）を出した。その中で同党は、対独闘争と社会改革を主張しており、社会主義については直接に言及してはおらず、またロンドン亡命政府を否認してもいなかった。

一方、在ソ・ポーランド人コミュニストにも動きが見られた。同じく一九四三年三月一日、モスクワでヴァンダ・ヴァシレフスカを指導者とするポーランド愛国者同盟が発足した。同年七月十五日、愛国者同盟のもとに、在英・ポーランド軍やアンデルス軍とは別の軍事力が組織された。コシチュシュコの名が冠せられたその師団の司令官にはジグムント・ベルリンクが就いた。

一九四三年六月九―十日、モスクワでポーランド愛国者同盟第一回大会が開かれた。大会は、シコルスキ亡命政権を痛烈に批判すると同時に、分別ある唯一の政治がソ連との同盟であることを確認した。スターリンはこうして、将来のポーランドの傀儡《かいらい》化の準備を整えたのであった。

「輪」作戦と人民防衛軍による爆弾テロ

一九四二年十月十六日未明、ゲシュタポはワルシャワのパヴヤク監獄から一〇人の囚人を護送し、トルンスカ通りの線路際に仮設した絞首台に吊《つる》し上げた。同日、レンベルトゥフ駅脇、マルキの線路際、ムシュチョノフスカ通りの踏切、シュチェンシリヴィツェの線路際でもパヴャク監獄の囚人が処刑されている。その数は合計で五〇人に上った。以上の五ヵ所に共通するのは鉄道であるが、これは何を意味するのか。

これよりも先、ワルシャワの広い範囲でドイツ軍にとって手痛い事件が起こっていた。一九四二年十月八日未明、ズビグニェフ・レヴァンドフスキ指揮下、国内軍の七つのグループはワルシャワの鉄道網を麻痺させるため、八ヵ所で線路を爆破していたのである。作戦は「輪《ヴィニェツ》」作戦というコードネームを得ていた。復旧作業には数日を要した。折しもスターリングラード攻防戦が続いており、これらの路線、特に東西を結ぶものはドイツ軍にとって物資輸送上の生命線とも言えるものであった。前述のように、ポーランド亡命政府は一九四一年七月三十日、ソ連との間にシコルスキ・マイスキー協定を結び、ドイツを共通の敵として外交関係を復活させていたが、両国の関係はその後も安定を欠いていた。シコルスキはこうした状況下、ソ連に対してポーランド側の好意的姿勢を強調するため、国内軍に対し「輪」作戦の実施を命じたのであった。

ドイツ側はついに犯人を特定できなかった。前述の処刑は「輪」作戦に対するドイツ側の報復行為だったのである。被害者の多数がポーランド労働者党の活動家ないしは人民防衛軍のメンバーであったことから、ドイツ側は親ソ的なこれらの組織の犯行と考えていたものと思われる。

ポーランド労働者党中央委員会は報復を行うことを決めた。作戦は十月二十四日、「ドイツ人専用」となっていた施設三ヵ所で同時爆弾テロとして実施された。一つは、イェロゾリムスキェ通りと新世界《ノヴィ・シフャト》通りの交差点角の「カフェ・クラブ」でのもので、手榴弾《しゅりゅうだん》によりドイツ人十数人を殺傷した。作戦を実行した人民防衛軍のロマン・ボグツキ、タデウシュ・フィンジンスキ、イェジ・ドゥラチは生還した。二つ目は、ワルシャワ中央駅構内のレストラン「ミトロパ」でのもので、同じく手榴弾によりドイツ人二〇人を殺傷した。三つ目は、マルシャウコフスカ通りの「新ワルシャワ日報社」（ドイツ占領当局がポーランド語で刊行していたプロパガンダ新聞）であった。結局、この三つの事件でドイツ側には数十人の死傷者が出た。

以上に対し、占領当局は血なまぐさい報復行為に出ることは控え、ワルシャワ市民に一〇〇万ズウォティの徴収税を課すという穏便な措置で済ませた。しかし、これを快く思わないポーランド労働者党中央委員会は、地下活動の継続に要する資金の獲得を目的として、ヤン・ストシェシェフスキをリーダーとする「特殊班」に徴収税を奪回するように命じた。十一月三十日、実行部隊は「市営貯蓄銀行」を襲撃し、一〇〇万ズウォティ以上の現金を奪った。現場には、この金を地下活動に役立てる旨を記した〝領収書〟を残した。

ストシェシェフスキの死は思わぬかたちで訪れた。一九四三年三月十八日、モストヴァ通りを歩いていると、ゲシュタポと鉢合わせとなり、銃撃を受けたのである。瀕死《ひんし》の重傷を負ったままパヴャクに搬送され、ストシェシェフスキはそこで息を引き取った。モストヴァ通りの銃撃戦では、労働者党系の「青年闘争同盟」議長ハンナ・シャピロとワルシャワ・ブルドノ地区人民防衛軍司令官タデウシュ・オルシェフスキも巻き込まれた。三人は待ち合わせをしていたのである。オルシェフスキは即死で、シャピロは重傷のままパヴャクに運ばれ、翌十九日に亡くなった。

「メキシコⅡ」作戦

ワルシャワのドゥウガ通り五二番には、一九五九年以降「国立考古学博物館」として利用されている「武器庫《アルセナウ》」と呼ばれる建物がある。建物が実際に、パヴェウ・グロジツキの設計に基づき一六三八―四三年に建てられた、砲撃隊の武器庫であったことに由来する。保管されていた武器は、コシチュシュコ蜂起や十一月蜂起で少なからず利用された。一八三二―三五年には監獄用に改築された。一九四三年三月二十六日、この「武器庫」脇である事件が発生した。

同年三月二十二日深夜、抵抗運動に参加していた若手活動家のヤン・ビトナル（暗号名「赤毛《ルディ》」）が自宅のある独立《ニェポドレグウォシチ》通り一五九番でゲシュタポに逮捕された。これに対し、彼の友人で上司でもあったタデウシュ・ザヴァツキ（暗号名「ゾシカ」）はビトナル救出作戦（コードネーム「メキシコⅡ」作戦。当初、作戦は三月二十三日午後五時に決行されることになっ

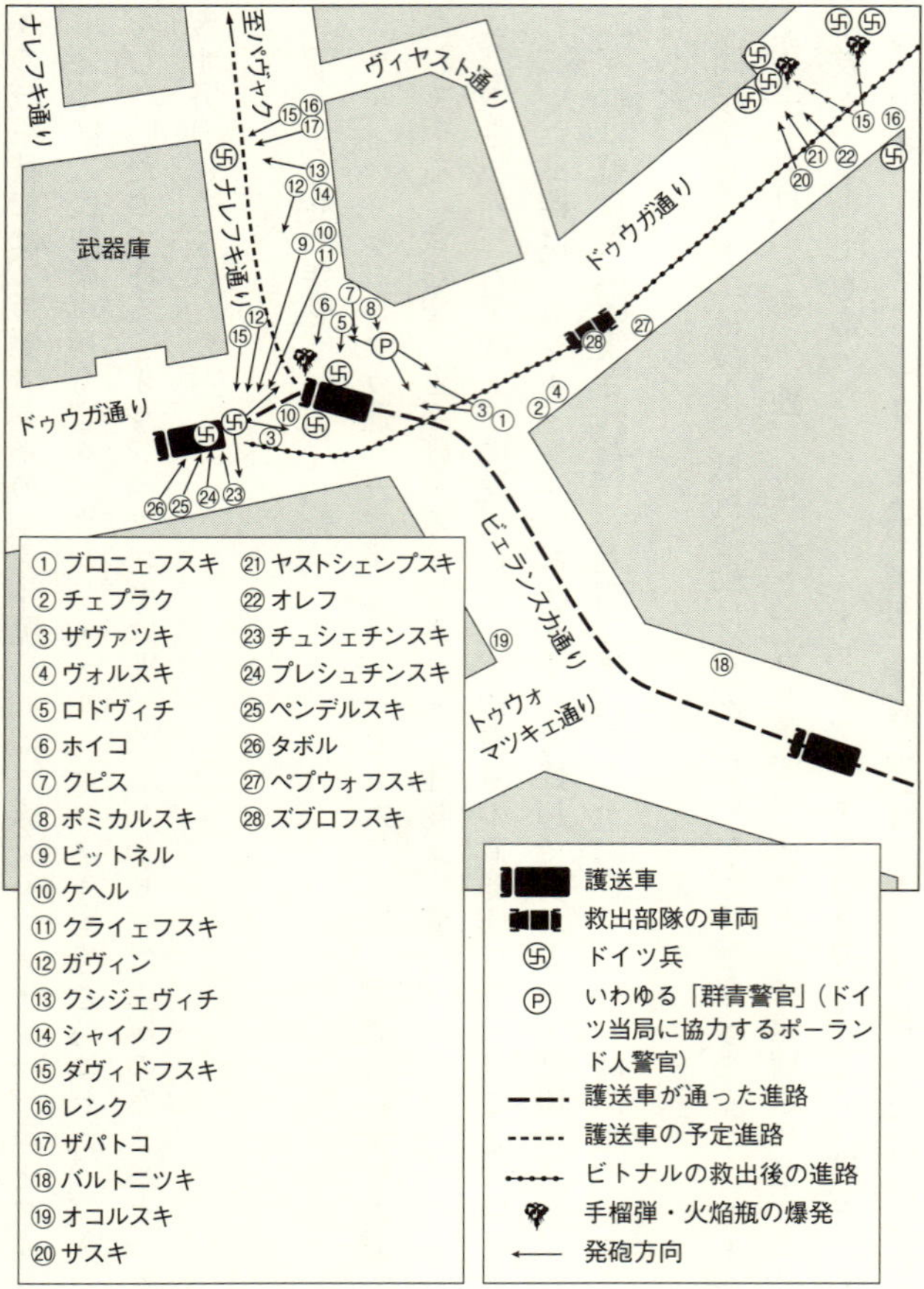

ナレフキ通り
至パヴャク
ヴィヤスト通り
ナレフキ通り
武器庫
ドゥウガ通り
ドゥウガ通り
ビェランスカ通り
トゥウォマツキェ通り
① ブロニェフスキ
② チェプラク
③ ザヴァツキ
④ ヴォルスキ
⑤ ロドヴィチ
⑥ ホイコ
⑦ クピス
⑧ ポミカルスキ
⑨ ビットネル
⑩ ケヘル
⑪ クライェフスキ
⑫ ガヴィン
⑬ クシジェヴィチ
⑭ シャイノフ
⑮ ダヴィドフスキ
⑯ レンク
⑰ ザパトコ
⑱ バルトニツキ
⑲ オコルスキ
⑳ サスキ
㉑ ヤストシェンプスキ
㉒ オレフ
㉓ チュシェチンスキ
㉔ プレシュチンスキ
㉕ ペンデルスキ
㉖ タボル
㉗ ペプウォフスキ
㉘ ズブロフスキ
護送車
救出部隊の車両
ドイツ兵
いわゆる「群青警官」(ドイツ当局に協力するポーランド人警官)
護送車が通った進路
護送車の予定進路
ビトナルの救出後の進路
手榴弾・火焔瓶の爆発
発砲方向

ていたが、連絡ミスから中止された。こちらがコードネーム「メキシコⅠ」作戦）を実行することを決めた。

ゲシュタポに捕らえられたビトナルはパヴャク監獄に収監されていたが、聴取のため三月二十六日午後ゲシュタポのワルシャワ地区本部があるシュフ通りに移送される旨、パヴャクで四人の看護に当たっていたヘレナ・ダニェレヴィチから連絡が入った。午後五時半過ぎ、パヴャクへ向かう護送車がザヴァツキらに襲撃された。この事件でポーランド側はビトナルを含め二五人を救出したが、死者三名を出した。この中には、前年二月十一日にコペルニクスの銅像から、この天文学者がドイツ人であると記したプレートを勇敢にも取り外したことで「コペルニツキ」という綽名《あだな》を得ていたマチェイ・ダヴィドフスキも含まれている。ビトナルも一九四三年三月三十日に、聴取の際に受けた暴行が原因で亡くなった。「メキシコⅡ」作戦でドイツ側は死者三名、負傷者九名を出した。ドイツ側は報復として、三月二十七日、パヴャクに収監されていた一四〇人を射殺した。「メキシコⅡ」作戦は、占領下のワルシャワでポーランド地下組織が初めて公然とドイツ人に銃口を向けた事件として注目される。

事件後、聴取の際ビトナルに暴行を加えたゲシュタポ二名（ヘルベルト・シュルツ上級小隊指揮官、エーヴァルト・ランゲ伍長《ごちょう》）が特定された。前者はザヴァツキにより一九四三年五月六日に、後者はアンジェイ・グラル（暗号名「トマシュ」）により同年五月二十二日に射殺された。

カティンの森事件

一九四三年四月十三日、ベルリン放送は、スモレンスク近郊のカティンで約三〇〇〇人のポーランド人将校の死体が葬られているのを発見したと報じた。いわゆる「カティンの森事件」の第一報であった。ドイツ宣伝相のヨーゼフ・ゲッベルスは、ポーランドとソ連を反目させ連合国の歩調を乱そうと考え、大々的にこの事件を取り上げた。四月十六日、シコルスキは問題の中立的な解決を期待して、ジュネーヴの国際赤十字に解決を委ねた。ドイツ政府も同じ解決策を採った。これに対し、「プラウダ」（ソ連共産党機関紙）は四月十九日の紙面で、ポーランド亡命政府の行動は「常識ある人々を不快にする忌わしい嘘《うそ》をつくことであり、ドイツに直接荷担するものだ」と酷評した。

事件はポーランド亡命政府にとって最悪の結果をもたらした。ソ連外相モロトフは、コットの後任の駐ソ・ポーランド大使のタデウシュ・ロメルに、四月二十五日付で、外交断絶を伝える書簡を手交したのであった。五月三日、ロメルはモスクワを離れた。

当時西側ではカティンの森事件はドイツの犯行と見られていただけに（今日ではカティンの森事件がソ連の犯行であったことは完全に立証されている）、ポーランド亡命政府は著しく不利な状況に立たされた。スターリンは自らの犯した犯罪で、逆に国際的な地位を向上させたのであった。

ワルシャワ・ゲットー蜂起

一九四二年夏、ドイツ軍はゲットーのユダヤ人に対し、労働キャンプに行きドイツのために奉仕するならば食料と衣服を与えると伝えた。これは、絶滅収容所や強制労働収容所に送るための口実にすぎなかった。

同年七月二十八日、ワルシャワ・ゲットーで「ユダヤ戦闘組織」が結成された。モルデハイ・アニェレヴィチを指導者とするこの組織は、ドイツ軍に対する武力抵抗を目指していた。翌四三年四月十九日、ユダヤ戦闘組織はゲットーで蜂起を決行した。ドイツ軍は五月十六日に蜂起の鎮圧を宣言したが、ユダヤ人の抵抗はその後もしばらく続いた。

ブント（ユダヤ人労働者総同盟）の活動家のシュルム・ジギェルボイムは社会主義を理想としていたが、蜂起が終焉を迎える直前の五月十二日に自殺している。彼はラチュキェヴィチとシコルスキに宛て、次のような書簡を残した。「ポーランドに残った最後のユダヤ人が消えていくのを私は指導者の一人として座視することができない。私は私自身の死により、同胞を見殺しにした社会に強く抗議する。私は殺害された多くのユダヤ人と運命を共有するが、同胞よ、わずかでもいいからこの惨禍を乗り越え、生き残ってほしい」。

ゲットー蜂起救援作戦

一九四三年四月十九日（ゲットー蜂起開始当日）、ワルシャワのボニフラテルスカ通りとサピェジスカ通りが交差する地で、ワルシャワ・ゲットー蜂起を支援する作戦が実行に移された。ゲットー蜂起に対して国内軍が協力した事例は数多いが、これはその中でも最も有名なものである。作戦は、ゲットー側壁に抜け穴を設け、内側にいる大勢のユダヤ人を脱出させるというものであった。作戦は四三年四月十九日午後五時に開始が予定されていたが、実際にはほぼ一時間遅れで始められた。しかし、ドイツ側は間もなくポーランド側の動きを察知し、機関銃で反撃に入った。ポーランド側は不利な状況にもかかわらず果敢に戦い、ボニフラテルスカ通りに設置した地雷で側壁の一部を破壊している。しかし、ここでドイツ側が装甲車を投入したため、ポーランド側はそれ以上作戦を続けることができなくなった。かくして、ゲットー蜂起支援の最初の試みは失敗に終わったのであった。

第二次大戦中のユダヤ人に対する援助か見殺しかという問題で想起されるのが、アンジェイ・ワイダ監督の一九九五年の作品「聖週間」（原作はイェジ・アンジェイェフスキ）である。監督は、ユダヤ人女性イレナ（ベアタ・フダレイ）に対して協力姿勢を見せるポーランド人とその逆の態度をとるポーランド人の二通りを示した。もしワイダ監督がユダヤ人に協力的なポーランド人のみを描いていたならば、史実に合致しないことになり、物議を醸《かも》したことであろう。かつて監督の作品「約束の土地」(一九七五年)がユダヤ人に否定的だとの評価を生んだこともあったので、細心の注意を払って制作されたのであろう。

亡命政府陣営幹部の交替

一九四三年夏、シコルスキはアンデルス軍の視察に出ていた。帰路、七月四日深夜、彼を乗せた飛行機はジブラルタル沖で墜落し、彼は非業の死を遂げた。暗殺説もあるが、それを裏付ける証拠は今日まで出ていない。

大統領ラチュキェヴィチは、同年七月八日、最高司令官にソスンコフスキを、次いで七月十三日には新首相にミコワイチクを任命した。こうして、シコルスキが兼任した最高司令官と首相のポストを別々の人物が占めることになったのである。

ミコワイチクは前任者の対ソ政策、すなわちソ連に対し柔軟な姿勢を堅持していく考えであったが、ソスンコフスキはソ連とのいかなる協定にも反対であった。このように首相と最高司令官では、対ソ政策をめぐってまったく相容《あいい》れなかった。この見解の相違は、その後の事態の進展に重大な影響を及ぼすことになった。

シコルスキが亡くなる数日前、ポーランド地下国家でも重大な変化が見られた。一九四三年六月三十日、ワルシャワで国内軍総司令官のステファン・ロヴェッキがゲシュタポに逮捕されたのである。後任にはタデウシュ・コモロフスキが就いた。

ロヴェッキが逮捕された頃、国内軍総司令部は一斉蜂起の可能性について検討を重ねていた。一斉蜂起は実施の条件として、①ドイツ軍がソ連軍の圧力のもと敗走していること、②西側連合国の支援が得られることを挙げていた。この蜂起案の特徴は、ポーランド全域をその対象としているところにあり、地域を限定して行われたのちの「嵐」作戦やワルシャワ蜂起とは異なる。スターリングラード攻防戦（一九四二年八月—四三年二月）でドイツ軍が敗北すると、蜂起案はにわかに現実味を帯びてきた。国内軍総司令部は当初、英米両国軍がバルカン半島に上陸することによって、南のカルパティア山脈方面からポーランドの解放が実現されると考えていたが、日に日にソ連軍による解放が濃厚と考えられるようになってきた。しかし、ポーランドに越境してくるソ連軍に国内軍がどう向き合うかが問題として残されていた。国内軍は亡命政府からの指示を待っていた。

「山男」作戦

一九四三年八月十二日、ワルシャワのセナトルスカ通りで「山男《グラル》」作戦と名づけられた事件が発生した。

武力でドイツ軍から金品を奪い、それを国内軍総司令部の財政に組み入れようとの考えは、一九四二年春、国内軍ブレーンのエミル・クモルと同軍総司令官のロヴェツキとの会談の際に示されたものである。当時、国内軍は対独地下運動を継続していくうえで極度の資金不足に陥っており、そうした状況のなかでクモルがロヴェツキに作戦を進言したのである。クモルは回顧録で、ロヴェツキが示した反応を次のように回想している。

しばらくして、〔ロヴェツキは、〕「構想自体は結構であるが、実行するにあたってはかなりのリスクを伴うので、この場でその提案を受け入れることはできない。作戦が成功する可能性は五％で、九五％は無理であろう。（…）一週間後、同じ時間、同じ場所、つまりピウス十一世通り〔現ピェンクナ通り〕一六番で会おう。その際、貴兄に明確な回答を示す」と言った。

一週間後の両者の会合では、ロヴェツキはこの計画の成功率が低いことをなおも指摘したが、すべての権限をクモルに譲渡したうえで、作戦に同意した。

発券銀行（占領下のポーランドでは、ドイツ人が発券業務のすべてを行っていた）はビェランスカ通りにあったが、この銀行を直接襲撃するのか、あるいは現金輸送車を路上で襲撃するのか、まずこの点が検討された。結果的には、後者のほうが成功率が高いと判断され、採用された。作戦の実施にあたっては、いつ輸送車がどの方向に向かうのかを正確に把握しておく必要があったが、これには当時発券銀行に勤務していた二人のポーランド人が協力した。

作戦の準備は一九四三年春には完了していたが、この後も作戦が直ちに実行に移されなかったのは、現金が大量に輸送される時を待つ必要があったからである。これとは別に、同年六月に重大な事件が発生した。作戦の実行部隊の一人として予定されていたミェチスワフ・ウニェイェフスキの結婚式の際、ゲシュタポに十数名の彼の友人が捕らえられ、計画そのものを中断しなければならなかったのである。しかし、実行部隊の中心人物であるイェジ・クレチュコフスキが逮捕されなかったことから、作戦の準備はなお続けられた。こうして計画が浮上してから一年以上の歳月を経て、実行に移された。なお、作戦の名称「山男」は、当時の五〇〇ズウォティ紙幣に山岳地帯の男性が描かれていたことによる。

一九四三年八月十二日午前十一時前、ビェランスカ通りの発券銀行から、市清掃局を装ったドイツの現金輸送車が出た。輸送車は「劇場」広場を経てセナトルスカ通りに出て、ミョドヴァ通りの方面に向かった。本来ならば、ミョドヴァ通りを通って「東」駅に出るはずであったが、コジャ通りの入口にポーランド側が設置した「立入禁止」の標識があったため、

フレタ通り
ポドヴァレ通り
①キジュニ
②クレチュコフスキ
③クバンスキ
④ゾウォチンスキ
⑤ジュパンスキ
⑥スクロビク
⑦スハネク
⑧スクロビク
⑨レシュチンスキ
⑩スマジンスキ
⑪ツァツコフスキ
⑫スティスウォ
⑬ポポフスキ
⑭グラボフスキ
⑮ヴァルシュチャン
⑯ジュラフスキ
⑰グルン
⑱シマンスキ
⑲ガヴロンスキ
⑳ヤブウォンスキ
㉑スコヴォロトコ
㉒本名不詳（暗号名「ヴィルク」）
㉓本名不詳（暗号名「コジョウ」）
ヴォンスキ・ドウナイ通り
カピトゥルナ通り
廃墟
路面電車の線路
ミョドヴァ通り
セナトルスカ通り
王宮廃墟
王宮広場
ノヴィ・ズヤスト通り
至東駅
ミョドヴァ通り
ヒポテチュナ通り
ダニウォヴィチョフスカ通り
発券銀行
市庁舎
コジャ通り
ビェランスカ通り
劇場広場
フォシュ通り
セナトルスカ通り
オペラハウス廃墟
現金輸送車
ドイツ護衛車
作戦実行部隊の車両
作戦実行部隊の車両
進行妨害のために置かれたリヤカー
「立入禁止」の柵
現金輸送車の進路
現金輸送車の予定進路
逃走経路
発砲方向
ビットネル率いる偵察部隊
ドイツ兵

そのまま直進した。この時、停《と》めてあった自動車の陰から空箱を積んだリヤカーが現れ、道を塞《ふさ》いだ。直後、ポーランド側は発砲を開始した。作戦はわずか二分で終わった。ポーランド側は一億一〇〇〇万ズウォティを奪取した。

ドイツ側は犯人捜しに五〇〇万ズウォティの懸賞金をつけた。反響としては、〝目撃者〟からただ一通の手紙が届いただけである。差出人はジグムント三世ヴァザとあった。つまり、近くの旧市街にあるジグムント像が一部始終を目撃していたとのオチである。

コラム　カルスキはホロコーストを目撃したのか

近年、ヤン・カルスキ（本名ヤン・ロムアルト・コジェレフスキ、一九一四―二〇〇〇）に関する興味深い二冊がフランス語から翻訳、刊行された。ヤニック・エネル著（飛幡祐規訳）『ユダヤ人大虐殺の証人ヤン・カルスキ』（河出書房新社、二〇一一年）とヤン・カルスキ著（吉田恒雄訳）『私はホロコーストを見た　黙殺された世紀の証言　1939-43』（白水社、二〇一二年）である。

カルスキとはいかなる人物なのか。端的に言えば、第二次大戦前期に密使《クーリエ》として、ナチ占領下の祖国ポーランドと亡命政府の間を行き来し、ホロコーストほか重要情報を西側に伝え、戦後はアメリカのジョージタウン大学で現代史・国際関係論で教鞭《きょうべん》を執った人物、ということになろう。ここ数年、本国ポーランドでも再評価が進むカルスキであるが、日本でもその存在が知られるようになったことは喜ばしい。

『私はホロコーストを見た』の原書『ある秘密国家の物語』(*Story of a Secret State*) は大戦中の一九四四年にアメリカで刊行された。記憶が新鮮なうちに書かれたこの回顧録は、本来第一級の史料的価値を持つ。しかし、歴史書で引用するにあたっては難しい点があった。大戦中に執筆・刊行された同書には仮名・偽名が多く用いられており (そうせざるを得ない事情があった)、結果的に人物が特定できなかった点が一つ。次に、ソ連の戦争協力を不可欠としていた一九四四年のアメリカでは、ソ連や、ポーランドの人民軍(イデオロギー的に親ソ・親共) に対する否定的評価は認められず、結果的に、同書にもそうした記述がなかったことである。つまり、史料としての客観性の問題である。

こうした瑕疵《かし》がありながらも、同書は一般書としては好評を博し、いくつかの言語への翻訳も検討された。仏訳は、『世界に向けた私の証言　ある秘密国家の物語』(*Mon témoignage devant le monde-Histoire d'un État secret*) と題して一九四八年に刊行された (訳者不明）。ポーランド語訳の『秘密国家　ポーランド地下国家の物語』（*Tajne państwo. Opowieść o polskim podziemiu*）は体制転換後の一九九九年にようやく刊行された（訳者はカルスキ本人ではなく、ヴァルデマル・ピャセツキ）。それまで仮名・偽名で記されていた人物の大半は、注で実名が明かされており、史料的な価値が高まった。二〇一〇年には、セリーヌ・ジュルヴェ＝フランセルにより、詳細な注が付いたフランス語の新訳が現れた。邦訳は、この最新フランス語版からの翻訳である。カルスキの原書は、執筆の際、英語・ポーランド語のバイリンガル・タイピストのクリスティナ・ソコウォフスカの協力を得ていた。したがって、邦訳は複数の言語を経た重訳（ポーランド語→英語→フランス語→日本語）である。

今日、カルスキについては、邦題も如実に示しているように、「ホロコーストを目撃し、その事実を西側に伝えるべく尽力したが、報われなかった人物」という評価が定着している。そうであればこそ、イスラエルのヤド・ヴァシェム記念館は一九八二年にカルスキを「諸国民の中の正義の人」として列することに決めたのであった。『六千人の命のビザ』で知られるわが国の杉原千畝に比することもできるかもしれない。しかし、カルスキはホロコーストの目撃者だったと言えるであろうか。

一九四二年八月、カルスキは、ブント代表のレオン・ファイネルとシオニストの代表

（メナヘム・キルシュバウムか？）に案内され、ワルシャワ・ゲットーを訪れていた。当時、ワルシャワ・ゲットーには約一〇万人のユダヤ人が幽閉されていたと考えられているが、この時までに既に約三〇万人のユダヤ人が主にトレブリンカ絶滅収容所に移送され、殺害されていた。ゲットーでカルスキは、飢餓と疾病が蔓延する、ユダヤ人が置かれた悲惨な状況を目《ま》の当たりにする。そして、ここでカルスキは殺害の現場も目撃する。「わたしは見た。（…）どちらもヒトラー青年団《ユーゲント》の制服を着ている。（…）ふたりのうち年少の方が脇のポケットから短銃を出し、わたしははじめて何に立ち会おうとしているのかを理解した。（…）少年の目がある一点に釘付《くぎづ》けになったが、それはわたしの視界からは見えない。彼は腕を伸ばし、しっかりと照準を定めた。銃声が鳴り、ガラスの割れる音のしたあと、男の声で恐ろしい断末魔の叫びが響きわたった」（吉田恒雄訳）。カルスキはクロード・ランズマン監督のドキュメンタリー映画「ショア」（一九八五年）に出演しているが、まさにこの射殺の光景を語りながら涙を流している。ゲットーでは多数の死体が放置されており、カルスキはそれらを目にしていたが、直接殺人を目にしたのは、引用した一件だけである。

カルスキによれば、ゲットーを訪れた数日後にベウジェッツ収容所に潜入したという。しかし、彼がこの時実際に訪れた場所はイズビツァ・ゲットーであった（管見では今日すべての評伝が指摘している)。ともあれ、ここでも凄惨《せいさん》な光景を目にすることになる。「人を缶詰めにした貨車が震えたり叫びを発したりするさまは、まるで魔法の箱でも見ているようだった。収容所内の敷地では、数十の身体が転がったまま死ぬ間際の痙攣《けいれん》に襲われている。ドイツ兵が所内を歩きまわり、銃口から煙をあげる短銃を手に瀕死の囚人たちにとどめを刺していた」(吉田恒雄訳)。イズビツァ・ゲットーは、ベウジェツ・ソビブル両収容所への移送中継地として一九四一年に設営されたもので、殺戮があったとしても、それを主たる任務にしている場所ではなかった。

一九四二年十一月にイギリスに渡ったカルスキが西側高官にホロコーストなどの問題を伝えようとしたことは事実である。しかし、イギリスでは首相チャーチルに会うこともできず、外相イーデンに会うのが限度だった。しかも、イーデンはカルスキの話に耳を貸す様子はなかった。このような結果になったのには二つ理由があろう。一つは、カルスキ以前にホロコーストに関する知らせが届いており、既に旧情報になっていたことである。同年八月にユダヤ系スイス人のゲルハルト・リーグナーによって、ナチスのユダヤ人問題の「最終解決」の報が西側にもたらされていたのである。また、大量殺戮の現場を目撃していないカルスキの報告では、ホロコーストを伝聞のかたちでしか伝えることができず、結果的に説得力を欠くことになったのではなかろうか。

翌一九四三年の七月二十八日、カルスキは駐米・ポーランド大使のヤン・チェハノフスキとともにローズヴェルト大統領をホワイトハウスに訪ねている。この時の会談はわずかに一時間一五分で、ユダヤ人問題は会談内容の一つでしかなかった。この会談が成功であったか否か、カルスキは回顧録で明言を避けている。しかし、一九四七年にアメリカで出版されたチェハノフスキの回顧録『勝利の中の敗北』(*Defeat in Victory*)の中ではこう記されている。「彼〔カルスキ〕はオシフィエンチム〔アウシュヴィッツ〕、マイダネク、ダッハウ〔ミュンヘン近郊の都市〕、オラニエンブルク〔ベルリン近郊の都市〕、女子収容所のラーヴェンスブリュック〔ベルリン近郊のフュルステンベルクに所在〕について話し、警官に扮《ふん》して訪れたトレブリンカとベウジェツの二つの絶滅収容所について、大統領に神経を苛《さいな》むような描写をした。『大統領、ユダヤ人の窮状に関し誇張しているところがないことは保証します』とカルスキは続けた」。このあとカルスキは、ワルシャワのユダヤ人代表からの要請として、アメリカがドイツの都市を爆撃するように求めたが、大統領はこれに対し、イエスともノーとも返答していない。ポーランドの地下組織の状態についてカルスキに問いかけ、話題を切り替えたのである。ここでも、カルスキの努力は報われなかった。

はたしてローズヴェルトがユダヤ人問題を無視したと言えるであろうか。ローズヴェルトに対してもホロコーストの現場を生で見ていないカルスキは十分説得的に話ができなかったというのが真相ではなかろうか。そもそも、チェハノフスキによれば、カルスキはトレブリンカとベウジェッツを訪れたと証言したことになっているが、実際には両絶滅収容所を訪れた事実はない。繰り返すが、彼が足を運んだのは——既に述べたように——ワルシャワとイズビツァのゲットーである。二つのゲットーの惨状を見ただけでも十分だが、もしカルスキが絶滅収容所まで行っていたならば、英米に対する説得工作はまた違った展開を見せたことであろう。

ヤニック・エネル著『ユダヤ人大虐殺の証人ヤン・カルスキ』は三部構成になっている。第一部はランズマンの「ショア」におけるカルスキ証言の要約、第二部は回顧録『私はホロコーストを見た』の要約、第三部は評伝トマス・ウッド、スタニスワフ・ヤンコフスキ共著『カルスキ　いかにひとりの男がホロコーストを止めようとしたか』(*KARSKI: How One Man Tried to Stop the Holocaust*)に着想を得たフィクションである。第三部では、ローズヴェルトとの会談後の茫然《ぼうぜん》自失となったカルスキの心境を、カルスキになり代わり一人称で綴《つづ》っている。同書はその性格からして史料として利用することはできない。しかし、歴史小説としては秀逸で、ポーランド語を含め、複数言語の翻訳が出版されている。

カルスキがランズマンから撮影のオファーを受けたのは一九七七年だった。カルスキは戦後三〇年以上の長きにわたってユダヤ人問題に口を閉ざしていたが、その理由は定かでない。『ユダヤ人大虐殺の証人ヤン・カルスキ』の第三部にもあるように、英米両国の首脳を説得できず、ユダヤ人の救済が果たせなかったことで絶望的な気持ちになっていたからであろうか。

カルスキがユダヤ人救済に前向きだったのはなぜか。彼が多民族的な街であるウッチ出身だったことが影響しているのかもしれないが、そう断定するのは早計だろう。多民族的な街で育ったがゆえに、逆に排他的な思想を身につける者もいるのが現実だからである。

ポーランドでは、今世紀に入ってイェドヴァブネ事件の真相が明らかになった。これは一九四一年七月十日にイェドヴァブネ（ビャウィストク近郊の小さな町）でポーランド人によりユダヤ人が虐殺された事件である。ドイツ軍が、ユダヤ人がソ連に情報漏洩《ろうえい》しているとデマを流したことが背景にあったと言われるが、虐殺にドイツ軍がどれほど関与していたかは不明である。ともあれ、それまでドイツ人が行ったものと思われてきただけに衝撃が大きかった。被害者としての歴史観を強調してきたポーランド人にとって、同国現代史における最大級の汚点であり恥辱である。しかしこれはむしろ特異な例で、実際には、ユダヤ人に救済の手を差し伸べた（あるいは、差し伸べようとした）ポーランド人が多数いた。カトリック系作家のゾフィア・コッサク＝シュチュツカは、人道的な立場からユダヤ人に救いの手を差し伸べるべきと主張したことで知られる。「殺人を目の前にして黙している者は共犯者であり、非難しない者はこれを容認しているのである」と述べていた。カルスキもユダヤ人に協力的だった一人である。

カルスキの生涯は密使としての使命のごとくいまだ謎が多い。今後も新史料の発見などにより研究が進むであろうし、様々な評価が現れることであろう。

第六章　ソ連による解放と大戦終結

――ワルシャワ蜂起の功罪

労働者党の戦術変更

ポーランド・ソ連間の外交断絶後、ポーランド労働者党の戦術に大きな変化が見られた。一九四三年七月、党機関紙「自由論壇《トリブナ・ヴォルノシチ》」は亡命政府の正統性を攻撃し始めた。労働者党のこのような路線変更は、一九四三年十一月の綱領的宣言「我々は何のために戦っているのか」(三月の小宣言に対して大宣言と呼ばれる)にまとめられている。この宣言は、亡命政権の正統性を否定していること、西方およびバルト海沿岸で領土を奪回しなければならないとしていること、「人民軍」の創設の必要性を主張していることなどから、小宣言との間に違いがある。大宣言は、労働者党と亡命政府を対置させ、国内の民主主義的民族戦線が戦後の政権を担当する権利を有すると主張するとともに、自党が指導的役割を果たすべきであるとした。労働者党は、ソ連の領土要求を民主主義的であるとし、それを民族的利益と結びつけることで、亡命政権と対抗していった。

労働者党は大宣言を実行すべく、十一月末に「国内国民評議会」準備委員会を発足させ、国内の左翼グループに評議会への参加を働きかけた。十二月三十一日、ワルシャワで第一回評議会会合が開かれ、労働者党の指導的役割について確認した。評議会議長にはボレスワフ・ビェルトが選出された。「人民防衛軍」を「人民軍」に改編することも決められた。人民軍総司令官にはミハウ・ジミェルスキが任命された。

労働者党は一九四四年七月一日付の党機関紙で、亡命政府の民主主義勢力とは協力する用意があると記した。ここで言う民主主義勢力とは、農民党とポーランド社会党を指していた。一方、スターリンも亡命政府との対話の糸口は残していた。ポーランド系アメリカ人の大学教授のオスカー・ランゲは、スターリンからミコワイチクにソ連の戦後ポーランド構想を説明するようにとの依頼を受け、モスクワ訪問から帰国後の一九四四年六月十三日、訪米中のミコワイチクと会談した。ランゲはミコワイチクにこう語った。

スターリンはポーランド政府との関係再開を望んでいます。ポーランド政府がカーゾン線に関する現在の要求の受け入れに消極的になっていることは彼も承知しています。しかし、赤軍がドイツの東半分を制し、そしてその領土でもっていくらか埋め合わせをすることが確約されれば、ポーランド政府は話し合いのテーブルに着く気になるだろうとスターリンは考えています。この問題についてあなたと話し合いたいと思っています。彼は私に、あなたと会ってそのことを伝えてほしいと頼みました。

六月二十三日、在ロンドンの各国亡命政府に対して派遣されていたソ連大使のヴィクトル・レベジェフはミコワイチクに、ソ連との関係再開の条件として三要件を提案した。カーゾン線の承認、改造人事（大統領ラチュキェヴィチ、軍最高司令官ソスンコフスキ、参謀長マリアン・クキェル、情報相コットの更迭）、カティンの森事件に際しての亡命政府声明の取り消しであった。これに対し、ミコワイチクはすべての要求を拒絶した。三つ目の要求には、「あなたは私に、私自身が一閣僚であったシコルスキ政府を批判せよとおっしゃるのですか」と応じていた。

一九四三年十月二十六日付政府訓令

亡命政府は、カティンの森事件以来、ソ連との間に外交関係を持たなかったことから、対応に苦慮していた。一九四三年十月十八日にソ連軍がキエフ近郊でドニエプル川を渡河すると、ソ連によるポーランド解放は時間の問題となった。十月二十八日、国内軍総司令官コモロフスキはソスンコフスキに次のように打電した。「侵入するロシア人に対する国内の軍事的姿勢は優柔不断であってはならない。否むしろ、一枚岩の確固たるもので、政治的に合目的的で、歴史的に純粋なものでなければならない。（…）もし貴殿の決定が早急に得られない場合、自分は独断で判断を下す必要に迫られるだろう」。国内軍は、ソ連軍の到来を目前にしているにもかかわらず、政府側から時局に応じた訓令が届いておらず、焦りを深めていたのである。

亡命政府もようやく重い腰を上げ、一九四三年十一月一日に同年十月二十六日付の訓令を国内に宛て打電した。訓令は三部構成になっている。第一部では、対独武装闘争を強化すべき時期が二者択一のかたちで示されていた。連合国の同意が得られる場合には蜂起を、それが無理な場合は後方攪乱《かくらん》を実施する、となっていた。第二部では、ポーランド自身による全面的な祖国解放に先立ち、ソ連軍が侵入する場合について述べられていた。その際、ポーランド・ソ連間の外交関係が回復されている場合とそうでない場合とについて説明されていた。前者の場合には、ポーランド政府が行政権を掌握し、またドイツ軍占領下の地では国内軍が後方攪乱を行うことになっていた。後者の場合には、ソ連軍の侵入に先駆け、後方攪乱に入ることが求められていた。第三部では、独ソが協調する場合について述べられており、その場合には、政府代表部と国内軍は、最小限必要な自衛のための活動を例外として、従来よりさらに地下深く隠れ、政府からの次の指令を待つことになっていた。

「嵐」作戦

訓令では、多くの場合とその対応が漠然と示されているにすぎなかったことから、具体的・現実的活動方針が与えられることを望んでいた国内軍総司令部では歓迎されることがなかった。ポーランド国内では、政府は国内軍に積極的な役割を期待していない、との印象が持たれたのであった。

そこで、国内軍総司令部は、独自に新たな作戦の起草に取りかかった。一九四三年十一月十九日および二十六日付のソスンコフスキ宛て電報で、コモロフスキは国内軍の見解を伝えている。電報では、国内軍部隊がソ連軍の前に国家の「主人」として姿を現し、主権の主張をすることを強調しており、この方法以外では、亡命政権側は地下組織の存在意義が示せないとした。電報には付属文書として、一九四三年十一月二十日付でコモロフスキが各地の国内軍に宛てた指令の写しが添付されていた。そこでは、「後方攪乱の強化」に言及されているが、この作戦はコードネームで「嵐《ブジャ》」と名付けられていた。「嵐」は政府訓令で示されたケースの一つにあたるが、国内軍がソ連軍の前に現れること、後方攪乱ではあるが蜂起並みの政治的効果を期待していたことが、新たに加わった特徴である。

「嵐」作戦の計画はミコワイチクとソスンコフスキとで受け止め方が大きく異なった。ミコワイチクは、赤軍との連携は、ポーランド・ソ連間に軍事協定を成立させ、さらに暫定的政治協定にまでつながり得ると捉えた。一方のソスンコフスキは、「嵐」が成功の見込みのない自然発生的な蜂起に発展しかねないこと、国内軍の存在をソ連軍に訴えるのが容易ではないことを懸念していた。

「嵐」作戦は結局、一九四四年二月十八日、亡命政府閣僚会議で了承された。しかし、ソスンコフスキはこののちもなお、「嵐」に否定的な態度をとり続けた。

一九四四年二月、旧ポーランド領ウクライナのヴォウィン地方で「嵐」作戦が開始された。ソ連軍と国内軍は協力して対独戦に臨んだが、戦闘終了後、ソ連軍は国内軍を自分に忠実な軍事力として吸収する姿勢を見せた。国内軍が国の「主人」としてソ連軍を迎え入れるという思惑どおりには事が進まなかった。その後、ヴィルノやルヴフ（リヴィウ）でも「嵐」は実行されたが、ソ連側の態度はヴォウィンの時と変わらなかった。こうした展開にもかかわらず、国内軍は「嵐」作戦を放棄することも変更することもなかった。逆に失敗から、国内軍にはよりいっそうの努力が必要なのだと感じるようになり、ついには、あらゆる意味でポーランドという国を象徴する首都ワルシャワでの戦闘が必要だと考えるようになったのであった。

テヘラン会談

一九四三年十一月二十八日から十二月一日まで、イランの首都テヘランでチャーチル、ローズヴェルト、スターリンによる英米ソ三巨頭会談が開かれた。第二戦線をめぐって、チャーチルがバルカンを主張したのに対し、ローズヴェルトとスターリンは北フランスを挙げた。

結局、米ソの主張が通り、一九四四年五月に北フランスに第二戦線を設けることが決定した。このことは、ポーランドの解放をソ連軍に委ねることを意味した。また、ポーランド国境問題についても議論され、東部国境をカーゾン線に、西部国境をオーダー・ナイセ線とすることが決まった（ただし、東ナイセ川とするのか西ナイセ川とするのかは決められていない）。こうしてポーランド問題に、当事国であるポーランドの参加なしに答えが出された。しかも、亡命政府はテヘラン会談での決定事項について知らされることがなかった（ミコワイチクがテヘラン会談の決定について知ったのは、一九四四年十月に訪ソした時であった）。

一九四四年一月三日から翌四日にかけて、ソ連軍はサルニ（現在のウクライナ西部の都市）近郊で戦前のポーランド国境（リガ国境）を越えた。ポーランド亡命政府はこの地にポーランドの主権が及ぶことを同月六日の声明で主張した。

クチェラ暗殺事件

一九四四年二月一日、ワルシャワのウヤズドフスキェ通り二三番で、第二次大戦中のポーランド抵抗運動の中でもとりわけよく知られるクチェラ暗殺事件が起きた。

フランツ・クチェラがワルシャワのSS（親衛隊）ならびに警察隊長官として任務に就いていた一九四三年九月から翌四四年一月は、ドイツの占領政策が最も厳格に施行されていた時期である。クチェラの在任中にワルシャワでは三三回にわたり大量処刑が実施されており、犠牲者の数は一五〇〇〇人余りにも達した。また、七〇〇〇〇人以上が強制収容所に連行されている。

国内軍総司令部はクチェラの暗殺を決める。その任務は、ドイツ軍幹部暗殺の実績のあるアダム・ボリス率いる「ペガス」グループに委ねられた。暗殺指令が与えられたのは一九四四年一月二十一日であるが、既に一九四三年十二月十日頃より、クチェラの動向が「ペガス」の独自捜査で進んでいたために、作戦の実施までにいくらも日数を要さなかった。クチェラの行動が概して規則的であったこと、警備が手薄で、攻撃の機会がいくらでもあったことなどから、暗殺計画は容易に立案された。

作戦は二月一日午前九時過ぎに、ルシュ通り（二番地にクチェラは居住していた）とピウス十一世通り（現ピェンクナ通り）とに挟まれるウヤズドフスキェ通りの一画で実施された。ウヤズドフスキェ通りをクチェラを乗せて走ってくる自動車の動きを、ピウス十一世通りを出たミハウ・イッサイェヴィチ（暗号名「ミシ」）の運転する車が遮《さえぎ》った。直後に銃撃戦が始まり、クチェラとその運転手と二人の護衛が死亡し、副官は重傷を負った。作戦はわずか一分四〇秒で終了した。

一方、ポーランド側はブロニスワフ・ピェトラシェヴィチ（暗号名「ロト」）、マリアン・

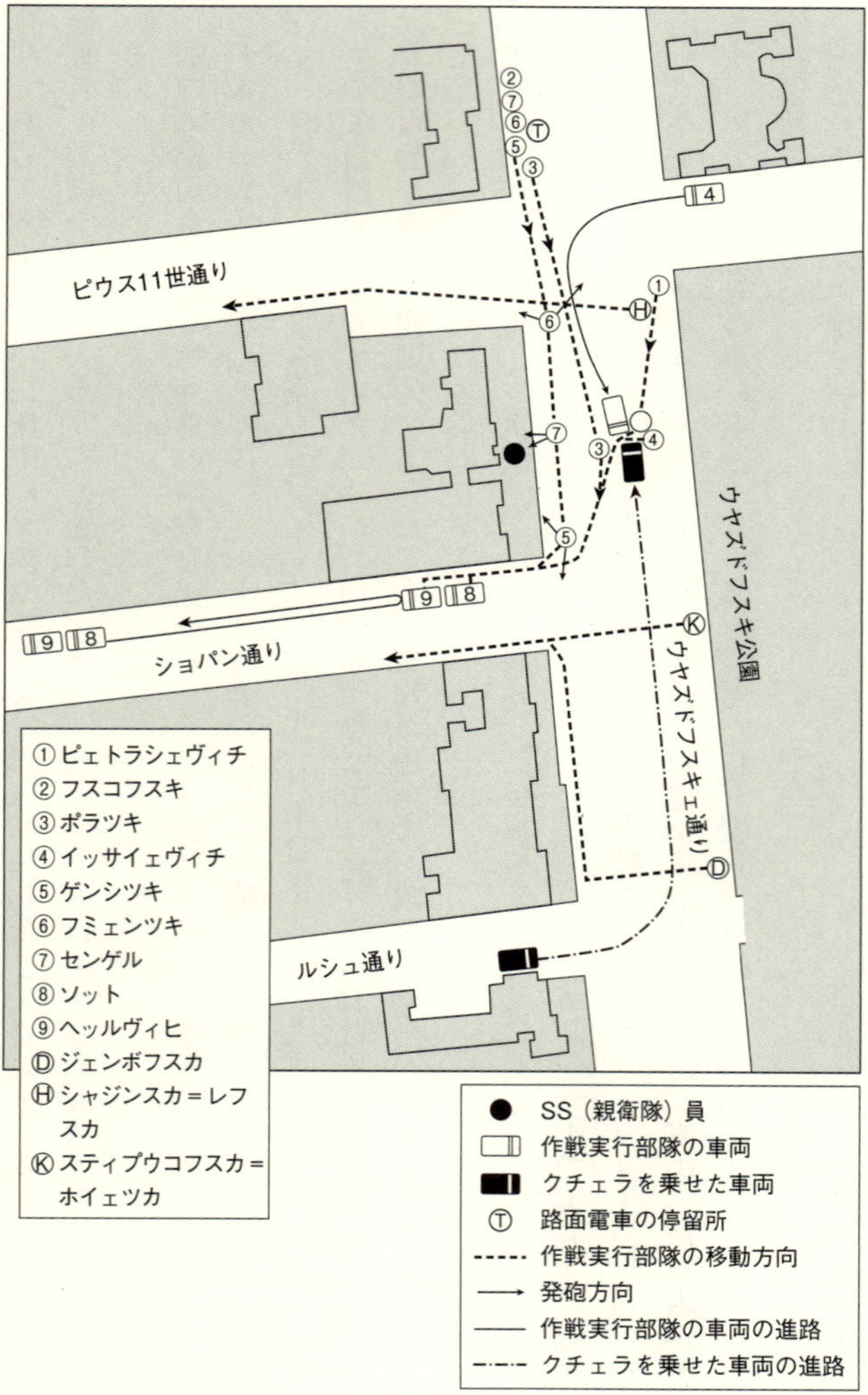
ピウス11世通り
ショパン通り
ウヤズドフスキ公園
ウヤズドフスキェ通り
ルシュ通り
①ピェトラシェヴィチ
②フスコフスキ
③ポラツキ
④イッサイェヴィチ
⑤ゲンシツキ
⑥フミェンツキ
⑦センゲル
⑧ソット
⑨ヘッルヴィヒ
Ⓓジェンボフスカ
Ⓗシャジンスカ＝レフスカ
Ⓚスティプウコフスカ＝ホイェツカ
SS（親衛隊）員
作戦実行部隊の車両
クチェラを乗せた車両
路面電車の停留所
作戦実行部隊の移動方向
発砲方向
作戦実行部隊の車両の進路
クチェラを乗せた車両の進路

センゲル（暗号名「チヒ」）、ヘンリク・フミェンツキ（暗号名「オルブジム」）、イッサイェヴィチの四人が負傷した。カジミェシュ・ソット（暗号名「ソクウ」）とズビグニェフ・ゲンシツキ（暗号名「ユノ」）は、ピェトラシェヴィチとセンゲルをシュラコフスキ通りの病院に届けたのち、キェルベチ橋（現シロンスコ＝ドンブロフスキ橋）でドイツ側の検問に引っかかった。直後に銃撃戦になるが、まもなくソットとゲンシツキの弾薬は底を突いた。二人はヴィスワ川に飛び込んだが、橋の上からも両岸からも発砲され落命した。また、ピェトラシェヴィチは二月四日に、センゲルは二月六日に亡くなっている。

事件の翌日の二月二日、ドイツ軍は報復として、現場からほど近いウヤズドフスキェ通り二五番で、パヴャク監獄に収容されていた一〇〇人を射殺するとともに、ワルシャワに対し一億ズウォティの賠償金を科した。その後も二度（二月十五日、十七日）、ドイツ軍が六〇人余りを殺害しているが、以後は〝斬捨御免《きりすて》〟めいた殺戮行為は控えた。これが、百六十数名の犠牲者を出してポーランドがクチェラ暗殺の代償として得たものだった。

イェジ・パセンドルフェル監督は、一九五八年、クチェラ暗殺事件を映画化した（タイトルは「暗殺」）。実際の事件との間に相違はあるが、おおむね史実に沿った構成になっている。脚本は、ワイダ監督の「地下水道」を担当したイェジ・ステファン・スタヴィンスキである。カメラも「地下水道」の時と同じく、イェジ・リプマンであった。「暗殺」は日本でも翌年公開されたが（邦題「暴力への回答」）、当時の限られた情報下では、多くの邦人にとって作品の背景を理解することは至難だったようである。

ワルシャワに「嵐」作戦導入

ソ連軍の前線がワルシャワに到達した場合、当初の「嵐」作戦の計画では、軍備が整っている同市の国内軍部隊は西に移動し、西および南西に向かって走る街道沿いに作戦を遂行することになっていた。「嵐」作戦は後方攪乱が目的であり、市内での本格的な蜂起は想定外であった。

一九四四年三月になると、コモロフスキは、無防備の市民を擁護し、かつ歴史的建造物を破壊から守るため、ワルシャワを正式に「嵐」の対象外とした。これ以降、国内軍の武器・弾薬の多くはヴィスワ川以東での「嵐」に充当された。

七月二十一日、コモロフスキ、国内軍参謀長タデウシュ・ペウチンスキ、作戦参謀レオポルト・オクリツキによる「三将軍会談」が開かれた。会議では、ワルシャワで作戦を実施することは妥当と判断され、その実現を目指すべきと結論づけられた。

ワルシャワが「嵐」の舞台として浮上したのは、ヴォウィンやヴィルノで実施された同作戦が奏功しなかったことから、地方都市の解放では不十分であるとの認識が国内軍総司令部に出てきたためである。また、国内国民評議会とポーランド愛国者同盟を母体とする「ポーランド国民解放委員会」が七月二十一日に発足したことは、その報が伝わったのが三将軍会談終了後であったことから、直接的影響として考えることはできないが、首都での「嵐」が不可欠と強く印象づけることになった。解放委員会は七月二十二日、マニフェストを発表した。そこには、「ポーランド国民解放委員会は、国民の解放闘争を指導し、ポーランド国家を再建するための臨時執行機関である」と記されていた。八月一日、解放委員会はソ連に正式に承認された。解放委員会は八月二日からは拠点をルブリンに移し、活動を始めた。ゆえに「ルブリン委員会」の通称で呼ばれる。

軍事的には、一九四四年六月二十二日に開始されたソ連軍の攻撃（バグラチオン作戦）が破竹の快進撃を見せ、同軍によるワルシャワ解放が時間の問題として映っていた。さらに、同年七月二十日に起こったヒトラー暗殺未遂は、国内軍には第三帝国の崩壊が近いと思わせるに十分な事件であった。

七月二十九日午後八時十五分、モスクワ放送はポーランド語でワルシャワ市民に決起を促す声明を報じた。「ワルシャワが既に砲声を耳にしていることは疑いない。ヒトラーの侵略者らに対して決して屈せず、闘いを続けてきたワルシャワに、既に活動の時が来たのだ」。

七月三十一日午後四時半頃、国内軍ワルシャワ地域司令官アントニ・フルシチェルは、総司令部作戦会議の場に現れ、赤軍がワルシャワ東端に達していること、ヴィスワ川右岸のドイツ軍の橋頭堡《きょうとうほ》が破壊されたことを報告した。これを受け、コモロフスキは戦闘開始を決断した。政府代表ヤン・スタニワフ・ヤンコフスキもこれに同調した。こうして、翌八月一日の午後五時にワルシャワで「嵐」を開始することが決まったのであった。

ワルシャワ蜂起における外国人

須賀《すが》しのぶ著『また、桜の国で』(祥伝社、二〇一六年)は、一九三八年に外交官としてポーランドに赴任した主人公の棚倉慎《たなくらまこと》が、日本・ポーランド両国間に良好な関係を築き、維持しようと尽力する物語である。ドイツ軍のポーランド侵攻後、主人公は一度はポーランドを離れるのだが、再び舞い戻って一九四四年のワルシャワ蜂起に身を投じるという感動的なストーリーである。

『また、桜の国で』はフィクションであるが、ワルシャワ蜂起において蜂起軍側で戦闘に参加した外国人は実在した。ポーランドの歴史家スタニスワフ・オケンツキによれば、それぞれの国籍はフランス、ベルギー、オランダ、イタリア、ハンガリー、アルメニア、アゼルバイジャン、ウクライナなど一八ヵ国に及ぶ(ただし日本人の参加者はいない)。参加理由は多岐にわたるが、何らかの理由で一九四四年夏にワルシャワに逗留《とうりゅう》していた人たちである。

ハンガリー人の貢献は特に有名である。ワルシャワのゲンシャ通りの強制労働収容所に入れられていたハンガリー国籍を有する三四八人（主にユダヤ人）は、ポーランドの国内軍の部隊「ゾシカ」大隊により八月五日に解放された。解放されたユダヤ人は蜂起に合流し、国内軍とともに戦った。逆にドイツ軍側で戦うハンガリー人もいたが、戦力としては期待薄だった。ドイツ軍第九軍司令官ニコラウス・フォン・フォアマン少将は、八月十九日、「中央」軍集団司令官ヴァルター・モーデル中将に宛て、次のように報告している。「ハンガリー第一二予備師団が（…）自らの任務を達成できるとは思われない。部隊はポーランド人に歓待された。（…）幾世紀にもわたるハンガリー・ポーランド両民族間の伝統的友好が、ハンガリー人の（…）作戦の抑止力になっている」。この状況は、ブダペストにおける反独クーデタの兆候とともに日々険悪化していた。第九軍司令官は究極的には同師団を戦力外と見なし、ハンガリーに差し戻している。

ワルシャワ蜂起、そしてミコワイチクの辞任

スターリンはミコワイチクに対し、今後の会談の前提条件として、亡命政府と解放委員会が協議するよう求めた。一九四四年八月六―七日、モスクワで解放委員会代表（ボレスワフ・ビェルト、エドヴァルト・オスプカ＝モラフスキ、アンジェイ・ヴィトス、ミハウ・ジミェル

スキ）とミコワイチクは会談したが、合意に達することはできなかった。ビェルトが示した解放委員会側の政府案は、ミコワイチクを首相とはするものの、閣僚のうち一四人までがルブリンから、亡命政府からは四人の参加が見込めるというものだった。ミコワイチクはこの提案を断固として受け入れなかった。結局、両者の主張は相容れず、東部国境問題についても意見は平行線をたどった。

ミコワイチクの訪ソは国内軍にとって「嵐」作戦の好機として認知された。八月一日に実施されたワルシャワでの作戦は、多くの一般市民を巻き込み民族蜂起となった。ゆえに「ワルシャワ蜂起」の名で呼ばれる。軍事的に反独、政治的に反ソ・反共の蜂起は、短期間でドイツ軍からワルシャワを解放し、進駐してくるソ連軍に対し国の主人としてこれを迎えるという計画であった。しかし実際には戦闘は二ヵ月にも及び、二〇万人余の死者を出し、ドイツ軍の勝利に終わった。作戦成功の前提にはソ連軍のワルシャワ到来による軍事協力があったが、国内軍は作戦の政治的成果を優先させ、ソ連軍との連携に関する事前協議をまったく行っていなかった。ソ連軍は蜂起三日目からワルシャワ周辺での作戦を停止した。蜂起の反ソ色を知るスターリンがワルシャワを見殺しにしたと言われる所以である。

十月二日深夜、ワルシャワ蜂起は六三日間にわたった戦いの幕を下ろした。戦闘が長期化したことは、国内軍に対する一般市民の批判を強め、亡命政府の国内での影響力を決定的に弱化させることにつながった。

蜂起の敗北後、モスクワで再度、解放委員会と亡命政府の間で協議する機会が設けられた。解放委員会代表のビェルトは八月の主張を繰り返したが、ミコワイチクはまたしても譲歩の構えを見せなかった。しかし、チャーチルの脅迫的な説得を前にして、ミコワイチクはロンドンに戻ったらカーゾン線の承認について同僚と相談すると約束した。亡命政府の同僚はカーゾン線受け入れを拒否した。十一月二十四日、ミコワイチクは辞任した。後任のトマシュ・アルチシェフスキ政府は反ソ的人物で固められた。こうして亡命政府は西側諸国の支持を失ったのであった。

十二月三十一日、解放委員会はオスプカ＝モラフスキを首班とする臨時政府に改編され、翌四五年一月二日、ソ連により承認された。同月十七日、臨時政府は解放直後のワルシャワに本拠を移し、活動を始めた。

ヤルタ会談

一九四五年二月四日から十一日まで、ソ連領クリミア半島のヤルタでチャーチル、ローズヴェルト、スターリンが再び集い、戦後構想を話し合った。この会談で最も多くの時間が割かれたのがポーランド問題であった。

東部国境はカーゾン線とすることが三国の一致した見解であることが確認されたが、ルヴフをめぐっては意見が対立した。英米はポーランドに含まれるべきと主張したが、ソ連はこれに反対した。最終的にはスターリンの主張が通った。一方、西部国境については、声明では「ポーランド北部および西部において相当の領土を得るべき」とあるだけで、その大きさについては講和会議で決められるとした。

ポーランド政府に関しては、次のように発表された。「現在ポーランドで機能している臨時政府は、ポーランド内外から民主的指導者を含めて、より広範な民主主義的基礎の上に再編されるべきである。その後にこの新政府はポーランド挙国一致臨時政府と呼ばれるべきである。〔ソ連外相〕モロトフ、〔駐ソ・アメリカ大使〕ウィリアム・ハリマン、〔駐ソ・イギリス大使〕アーチボールド・クラーク゠カーの三名は上記の方法に従い、現政権を再編するために任ぜられて委員会を組織し、まずモスクワで、現臨時政府閣僚およびポーランド内外からの民主的ポーランド人指導者と協議する」。

ポーランド亡命政府は二月十三日の声明で、「三者会談でのポーランドに関する決定を、ポーランド政府は容認することができない。よって、それらはポーランドの国民に強制力を持ち得ない」と発表した。

ヤルタ会談では、ドイツ降伏後にソ連が対日参戦することも決まっている。駐スウェーデン・日本公使館付武官の小野寺信《おのでらまこと》はこの情報をポーランド人間諜ミハウ・リビコフスキから得、日本の陸軍参謀本部に打電した。しかし、日本ではその内容は顧みられることがなかった。

戦後支配に向けて

ヤルタ会談以降、ソ連の政府と軍は自分たちに敵対するポーランドのあらゆる組織に弾圧を強化した。一九四五年三月二十八日、ソ連内務人民委員部はポーランドの抵抗運動の指導者一六名を逮捕し、飛行機でモスクワに連行したのち投獄した。一方、ポーランド労働者党はソ連の援助もあり、急速に勢力を拡大していた。

モスクワにはヤルタ会談に基づき、ポーランド挙国一致臨時政府を成立させるための三者委員会が設けられた。委員会は二月二十三日の初回会合から紛糾した。モロトフが、新政府の閣僚任命はもっぱらソ連政府によって承認されなければならないと主張したのに対し、ハリマンとクラーク＝カーはそれに真っ向から反対したのであった。英米がミコワイチクの入閣を望んだのに対し、ソ連は彼を会議に招くことすら反対した。スターリンは一九四五年四月七日付のローズヴェルト宛書簡で、「クリミア〔ヤルタ〕会談では、我々三人はみな、ポーランド臨時政府を、いまポーランドで行動している政府と見なし、これは改組されるべきものであり、新しい挙国一致政府の中核とならなければならないと見なしたのだ」と記し、英米を牽制《けんせい》した。

ソ連との問題解決の糸口を探るべく、アメリカの外交顧問ハリー・ホプキンズが五月二十五日にモスクワに派遣された。スターリンはホプキンズとの会談で、ポーランド挙国一致政府の人選は現臨時政府の専権事項だとする主張を撤回した。ソ連が西側に譲歩したことから、ポーランド労働者党も強硬路線を改めざるを得なくなった。

こうして六月二十八日に樹立された挙国一致政府は、議長にビェルト、首相にオスプカ＝モラフスキ、第一副首相にヴワディスワフ・ゴムウカ、第二副首相にミコワイチクを擁する陣容となった。二二の閣僚ポストのうち一四がルブリン委員会出身者に与えられた。労働者党の権力への姿勢は、六月十八日のゴムウカの演説によく表れている。「あなた方は、ポーランド民族の血が流されている、ソ連内務人民委員部がポーランドを支配している、と叫ぶこともできようが、いくら叫んだところで、我々が進みつつある道から引き返すことはない。あなた方の選択肢は、我々と合流してポーランドの再建のためにともに働くのか、我々と永遠に決別するか、二つに一つだ」。七月初旬、挙国一致臨時政府は西側諸国の承認を得た。

一九四五年七月十七日から八月二日までドイツのポツダムで会談が開かれた。ポーランド問題に関しては、西部国境について話し合われた。ソ連は西ナイセ川以東をポーランド領とすることを主張したのに対し、英米両国は反対した。最終解決は講和会議まで持ち越されることになった。ポーランドがドイツからより広い領土を獲得すれば、それだけポーランドのソ連に対する依存度が高まることは明白であった。スターリンの狙いはまさにそこにあった。

コラム　ワルシャワ蜂起は本当に避け得なかったのか

ワルシャワ蜂起がポーランド現代史において最も論争的事件であることは論を俟《ま》たない。

はたして蜂起は必要だったのか、国内軍総司令部の蜂起（厳密には、ワルシャワにおける「嵐」作戦）開始命令は時宜にかなっていたのか、スターリンの対蜂起政策はいかなるものであったのかなど、今日に至るまで、蜂起をめぐる問題は活発に議論されている。

この欄で考察するのは、イギリスのポーランド史研究家ノーマン・デイヴィスのワルシャワ蜂起をめぐる著作（英語原書の刊行は二〇〇三年）である。デイヴィスは、一九三九年六月八日、イギリスはボルトンの生まれ。オックスフォード大学のモードリン・カレッジで歴史学を学んだのち、グルノーブル（フランス）、ペルージャ（イタリア）で在外研究。旧ソ連で博士号を取得しようとしたところ、入国許可が下りず、ポーランドはクラクフのヤギェロン大学に留学先を変更し、ポーランド・ソヴィエト戦争を研究した。しかし、当時のポーランドではこのテーマがタブーであったことから、学位請求論文のテーマを同戦争時のイギリスの対ポーランド政策に変更した。一九七一年以降、ロンドン大学スラヴ・東欧学研究所で教鞭を執った（一九八五―九六年、同大学教授）。一九八二―八三年には北海道大学スラヴ研究センターで外国人研究員として滞在・研究した。これまでにポーランド史を中心に二〇点ほどの書籍を刊行しており、それらの多くがポーランド語に訳されている。ポーランド人にとって、デイヴィス以上に有名な外国人ポーランド史研究家がいないことは確かである。彼がこれほどまでに知られるようになった背景には、英語圏の研究者であるという事実に加え、著作そのものが文学風で読みやすいことも関係している。なお、デイヴィスの *Europe: A History*, Oxford, 1996 も邦訳が出ている（別宮貞徳訳『ヨーロッパ』全四巻、共同通信社、二〇〇〇年）。

このようにポーランド人によく知られたデイヴィスであるから、『ワルシャワ蜂起1944』のポーランド語版の序で次のように記したことも理解できないではない。「もし私が一九四四年にしかるべき年齢でワルシャワにいたならば、きっと国内軍に入っていたことだろう。戦争中、私は幸せな地下活動家でいたことであろう。（…）私は廃墟《はいきょ》に突進し、ドイツ軍に攻撃をかけるだけの気概は持ち合わせていたことだろう。しかし、同時に性格的におとなしく、経験も乏しい自分では、すぐに殺されていたかもしれない。それだけにいっそう、クシシュトフ・カミル・バチンスキ〔一九二一―四四。ポーランドの詩人、国内軍兵士。ワルシャワ蜂起の際に戦死〕の生涯と伝説とに私は胸打たれるのである」。しかし、これではポーランド人に〝媚《こ》びすぎ〟ではなかろうか。ポーランドでの名声ゆえに、「蜂起は無謀な試みであった」「蜂起は不要だった」などとは書けなかったのかもしれない。

デイヴィスの、ポーランド人におもねったような史観にクレームをつけた史家がいる。ヤン・ミェチスワフ・チェハノフスキ（一九三〇―二〇一六）である。

デイヴィスは前著『神の遊技場――ポーランド史』（*God's Playground: A History of Poland*, Oxford, 1981）では、「ワルシャワ蜂起の開始決定がポーランド人にとって現代史における最も大きな悲劇的事件であったことに疑いの余地はほとんどなく」、「蜂起に究極的勝算など皆無に近かった」と記していた。国内軍総司令官のコモロフスキは蜂起開始を命じたが、同書によれば、これは「（溺《おぼ》れる者は）藁《わら》をも摑《つか》む」に等しい行為であったとしている。また、デイヴィスはかつてチェハノフスキの著作 *The Warsaw Rising*

1944〈邦訳は『ワルシャワ蜂起1944』〈梅本浩志訳、筑摩書房、一九八九年〉〉の書評を著した際、ヴワディスワフ・アンデルスの見解に与して、「蜂起は明らかな犯罪行為だ」と書いたこともあった。

チェハノフスキは辛辣《しんらつ》にこう記している。「ノーマン・デイヴィスが一八〇度、ワルシャワ蜂起について見解を変えるのはもちろん自由である。しかし他者は、このように見解を改める者を日和見《ひよりみ》主義者と呼ぶこともできよう」と（『歴史学ノート《ゼシティ・ヒストリチュネ》』第一四九号）。

ワルシャワで「嵐」作戦を実施することが決まったのは、一九四四年七月二十一日のいわゆる「三将軍会談」においてであった。首都での戦闘実施を最も声高に主張したのは国内軍総司令部作戦参謀のオクリツキであった。オクリツキは一九四一年一月二十二日未明、ソ連外務人民委員部に逮捕されており、取り調べで拷問を受けた結果、国内軍の前身である武装闘争同盟の詳細を暴露していた。このオクリツキがワルシャワ戦を強く主張したのは、チェハノフスキによれば、ある意味で「個人的な名誉回復」であったという。デイヴィスは「十六人裁判」（一九四五年六月に開かれた、国内軍幹部らに対する見せしめ裁判）でのオクリツキの行動に触れ、「恐れを知らない完璧《かんぺき》な騎士」と表現した。しかし、オクリツキは四年前にソ連外務人民委員部に重要な情報漏洩を行った過去があったのである。

デイヴィスは、蜂起の決定は妥当であるとし、その失敗の原因は英米がしかるべき外交的・軍事的協力をしなかったからであると主張する。彼によれば、一九四四年半ばまでスターリンは亡命政府に譲歩する用意があったことから、「もし西側連合国が断固とした姿勢で臨んでいれば」事態は変わっていただろうと言う。デイヴィスのこうした主張は現在のポーランド感情に配慮した結果であろうが、まず考えなければいけないのは、英米の戦略・外交政策においてポーランドがそれほど重要な位置を占めていなかったことである。すなわち、ポーランド問題に積極的にコミットしても十分な見返りは期待できないことが英米の消極的な態度の背景にはあったのである。しかも、英米は蜂起に協力するとは伝えておらず、国内軍の後方攪乱工作ならびに諜報活動に対して理解を示していたにすぎない。

蜂起の失敗の責任は英米にありと決めつけるのは容易であるが、はたして英米が圧力をかけさえすればスターリンの態度を変えられたのであろうか。これを「神に願掛けするもの」と表現し、デイヴィスの主張に異を唱える研究者（ユリウシュ・ウカシェヴィチ）もいる（『歴史学ノート』第一四九号）。

蜂起は本当に必要で、避け得ないものであったのだろうか。チェハノフスキは次のように記し、蜂起そのものの価値を根本から否定するが、妥当かもしれない。

ワルシャワ蜂起は戦争やドイツ軍によるポーランド占領を一日たりとも縮めることもなく、ポーランド共産主義者の全土での権力掌握を阻止できなかった。否むしろ、スターリンに際立った協力をすることになり、ポーランド共産主義者の権力掌握を容易にしたのであった。

(『歴史学ノート』第一四九号)

その一方で、チェハノフスキの見解は結果論あるいは後知恵の感がなくもなく、国内軍総司令部が置かれていた当時の八方塞がりの状況を考えれば、厳しい評価だけを与えるのもどうかと思わざるを得ない。

ポーランドの著名な現代史研究家のアンジェイ・K・クネルトは、ポーランド人には「自分自身の政治を行うだけでなく、己《おの》が間違いを犯す」十分な権利があると述べ、蜂起を正当化しようとする。クネルトのような研究者にとっては、チェハノフスキの主張などもってのほかだろう。

第七章　社会主義政権時代

――ソ連支配のくびきの下で

一九四六年の国民投票

一九四五年秋の段階で、ポーランド労働者党の党員は約二三万人だったが、ミコワイチクによって再建されたポーランド農民党の党員は五〇万人を超えていた。そこで労働者党は、さしあたり問題のない点を取り上げ、国民投票を実施し、その結果を国民からの支持として利用しようとした。国民への質問は次の三つであった。①上院廃止に賛成か、②農地改革を実施し、私企業の権利を維持しつつも基幹産業を国有化するという経済システムを、将来の憲法により制度化することに賛成か、③オーダー・ナイセ川をポーランド西部国境とすることに賛成か。農民党は独自路線を出すために、①についてのみ否とする方針を固めた。

翌一九四六年六月三十日、国民投票は実施された。結果は七月十二日になってようやく発表された。それによれば、第一の質問に賛成した者は六八・二%、第二の質問は七七・三%、第三の質問は九一・四%とのことであった。しかし、近年の研究により、三つの質問すべてに肯定的に答えたのは投票者総数の二六・九%に過ぎなかったことが判明している。第一の質問に賛成したのは三〇・五%、第二の質問では四四・五%、第三の質問では六八・三%だった。投票結果は不正に操作されたものだった。

キェルツェ事件

事件は一九四六年七月四日に起きた。ポーランド人によるユダヤ人襲撃事件は各地で起きていたが、キェルツェでのそれは最大規模のものとなった。

同年一月半ばの段階で、ポーランド国内のユダヤ人は八万六〇〇〇人ほどであった。二―七月にソ連領内から引き揚げてきたユダヤ人の数は一三万六〇〇〇人に上る。当時のポーランド人口は二四〇〇万人ほどであることから、ユダヤ人が占める割合は一％ほどであった。このユダヤ人の多くはポーランド以外の地への移住を考えていたが、それはポーランドが安住の地とは思えなくなっていたからである。たとえば、道徳的権威である教会が、ユダヤ人に対して否定的な発言を繰り返していた。

キェルツェでの一件は、何の根拠もない噂《うわさ》に兵士・警官・市民が過敏に反応し、ユダヤ人三七名を虐殺した事件である（ポーランド人三名も亡くなっている）。この虐殺事件の結果、ポーランドを脱出するユダヤ人の数が急増した。一九四五年七月から翌四六年十二月までにポーランドを離れたユダヤ人は一三万人に達するが、キェルツェ事件の直後の四六年八月だけで三万三〇〇〇人のユダヤ人が亡命している。

一九四七年の総選挙

一九四七年一月十九日に総選挙は実施された。労働者党は社会党との連携を基本に、民主主義ブロックを結成して選挙に臨んだ。公式発表によれば、得票率はブロックが八〇・一%、ポーランド農民党が一〇・三%であった。国民投票の場合と同じく結果の不正操作が行われたことは間違いないが、その真偽については確認する術《すべ》がない。ただ、キェルツェ地区に残された労働者党のデータによれば、農民党の支持率が五四%、ブロックが四四%であった。おそらく、全国的にもこのキェルツェ地区の数字と大差なかったものと推察される。

国会の最初の審議は二月四日に開かれた。大統領には無党派のボレスワフ・ビェルトが選ばれた（彼は実際には労働者党党員であった）。首相には社会党のユゼフ・ツィランキェヴィチが任命された。閣僚ポストでは労働者党のほうが社会党より少なかったが、重要な省（国防、公安、外務、産業）は労働者党が押さえていた。ミコワイチクは議員となったが、身の危険を感ずるようになり、四七年十月に亡命した。

二月十九日、国会は「共和国最高権力の体制と権限に関する法」（いわゆる「小憲法」）を可決した。これにより、それまでなかった国家評議会が国会体制に組み込まれた。

ポーランド統一労働者党の成立

一九四六年十一月にスターリンは、ポーランド労働者党とポーランド社会党の幹部をソチ（黒海に面するソ連領内の保養地）で迎えているが、その時にはまだ社会党の存在意義を認めていた。これを受けて、翌四七年十二月十四日、第二七回党大会でツィランキェヴィチは、労働者党との統一戦線の原則を宣言したものの、「ポーランド社会党はポーランド国民にとって必要であり、また今後も必要であろう」と発言した。

一方、労働者党内では、ゴムウカが孤立化し始めていた。彼は、ポーランドのことはポーランドで対処すべきであり、ワルシャワはモスクワの意向の忠実な履行者でなくてもよいとの立場を示していた。スターリンは一九四八年夏までには、ゴムウカではなくビェルトの支持を固めている。

一九四八年八月三十一日から九月三日まで、ポーランド労働者党中央委員会総会が開かれた。この総会に〝無党派〟のビェルトが出席しており、ゴムウカを次のように批判した。「同士ヴィエスワフ（ゴムウカの地下活動中の暗号名）の思考様式には、克服されていない民族的偏狭性と民族的限界性がのしかかっている。これらの偏狭性と限界は、彼の政治的視野を狭め、現時点での諸国民の動向と国際主義との間の密接な連関性を見誤らせ、その結果彼は誤った。実際には極めて有害な政治的帰結に陥っている」。ゴムウカは労働者党書記長を解任され、ビェルトが後任の書記長になった。

同四八年十二月十五日、ワルシャワ工科大学で労働者党と社会党の合同大会の開会宣言が行われた。新党は「ポーランド統一労働者党」という名称を採用した。ここには社会党の伝統を排除する目的が込められている。ゴムウカは中央委員に選出された。スターリンはこれ以前にゴムウカをモスクワに呼び、政治局員としてとどまるよう説得を試みている。ゴムウカがその要求を受け入れなかったことは、彼の矜持を示すものであった。

スターリン主義

一九四九年十一月六日、ソ連駐留軍司令官コンスタンティン・ロコソフスキー元帥が、ポーランドの国防相に任命された。ソ連のポーランド直接支配の始まりであった。五六年までに一万七〇〇〇人のソ連将校が採用された。

同月十一日から十三日まで、ポーランド統一労働者党第三回中央委員会総会が開かれた。総会では、ゴムウカの中央委員会からの追放が決まり、党活動を禁止された。右翼・民主主義的偏向分子粛清の一環をなすものだった。ゴムウカは逮捕されたものの、処刑を免れた。

一九五二年七月二十二日、新憲法が公布された。事前にスターリンが精査し、五〇ヵ所ほどの訂正を施している。大統領制が廃止され、国家評議会議長のポストが設置された。国家評議会議長には統一労働者党のアレクサンデル・ザヴァツキが、首相にはビェルトが就いた。

国名は「ポーランド人民共和国」とされたが、「人民共和国」が意味するところは、「ソ連体制」とほぼ同意であった。同年十月二十六日、戦後二度目の選挙が実施されたが、有権者の票が何ら意味を持たないように仕組まれていた。立候補者と当選者の数が同数になっていたのである。五六年まで国会はほとんど開かれず、立法機関として機能することがなかった。

社会主義リアリズムは一九三〇年代にソ連で生まれた。ポーランドでは第二次大戦後にこの潮流が現れた。画家、彫刻家、作家らの創作モチーフとなったのは、労働者や農民であった。芸術家たちは労働に従事する彼らの姿を描いた。

一九五一年からは学校でロシア語が必修科目になった。西側の文化は、映画であれ文学であれ、大幅に制限された。学問の世界でも、捏造《ねつぞう》・歪曲《わいきょく》は日常的なことであった。

ポーランドの歴史家アンジェイ・ガルリツキはポーランドのスターリン主義について次のように述べているが、傾聴に値する。

　ポーランドのスターリン主義は社会を威嚇する抑圧機関にもっぱらその基礎を置いていた、と断言するのは真実と食い違っている。スターリン主義は、知的エリート、文化人、芸術家の相当部分によって支持されていたし、また学び働く若者のかなりの部分が支えていたのである。労働者の一部も同様であった。社会主義体制は実際彼らに社会的上昇と、何はともあれ、生活条件の改善をもたらした。失業の悪夢は消え、学校はあらゆる者が通える場所になり、まともな住居が得られる将来も遠いものではなかった。（…）メーデーの行進や集会やデモを行う姿を映す古いニュース映画に見られる人々の熱狂は、上司の命令を達成しようとしていたカメラマンが意図的に操作した結果というだけではない。ある意味で、これらの映画は本物である。全体主義体制は、抑圧機関だけに依拠しては機能し得ない。（…）今日では、支持範囲がどれほどだったかを特定するのは不可能である。（…）国民投票や選挙の実際の結果から判断すると、支持率は二〇—二五パーセントに達していたと推測できる。

一九五五年五月、アルバニア、ブルガリア、チェコスロヴァキア、東ドイツ、ポーランド、ルーマニア、ハンガリー、ソ連による首相会議がワルシャワで開かれ、「友好・協力・相互援助に関する機構」（通称はワルシャワ条約機構）が創設された。四九年四月に成立した北大西洋条約機構（NATO）に対抗する軍事ブロックである。ソ連を中心とする経済ブロックとしては、四九年一月に「経済相互援助会議」（COMECON《コメコン》）が発足していた。

一九五三年三月五日、スターリンが死去したが、ポーランドに特段の影響はなかった。しかし、五六年二月のソ連共産党第二〇回大会はポーランドをはじめ、社会主義諸国に多大な影響を及ぼした。大会最終日の二月二十一日、党第一書記のニキータ・フルシチョフがスターリン批判を展開したのであった。これが直接原因となったかは不明だが、会場にいたビェルトは三月十二日、モスクワで客死した。

当時、ポーランド統一労働者党内では二つの派閥ができていた。一つは保守派のナトリン派である。名称の由来は、ワルシャワ郊外のナトリンにある政府公館を集会の場として利用していたことによる。ナトリン派は民族主義的・反ユダヤ的言辞を用いていた。これに対して、プワヴィ派は急進的イデオロギーを持つグループであった。名称の由来は、メンバーの多くが住んでいたワルシャワの地区名から来ている。プワヴィ派は、党内知識人の要求を受け入れていこうとした。

一九五六年六月、ポズナンで労働者による暴動が起こった。同市最大の工場であるヒポリト・ツェギェルスキ工場で、待遇改善を求めるストライキが発生したことが原因であった。当局が軍隊を投入したため、被害が大きくなった。死者は最低でも七四人、負傷者は数百人を数えた。ポズナンでは折から国際見本市が開かれていたため、事件は居合わせた外国人ジャーナリストを通じて世界に報道された。

ポズナン暴動後、二つの派閥ともゴムウカと会談を重ねていたが、九月頃から彼の党指導部復帰待望論が強まった。こうして十月に開かれた統一労働者党第八回中央委員会総会で新指導部（ナトリン派は皆無）が選出され、ゴムウカが第一書記に就いた。この決定は、モスクワとの事前協議を経ていなかったため、フルシチョフはポーランド駐留ソ連軍に対し、ワルシャワへの進軍を命じた。同時に、フルシチョフ自らがワルシャワを訪れる決意をした。出発前に、チェコスロヴァキア、東ドイツ、中国に対し、ポーランドに軍事介入する意向が伝えられた。十月十九日、フルシチョフを乗せた飛行機がワルシャワに着いた。滞在中に、チェコスロヴァキアと東ドイツからはソ連の意向に賛同する旨の返信があったが、中国からの回答は断固反対というものだった。当時中ソ関係は緊張していたが、フルシチョフは毛沢《もうたく》東《とう》を無視することができず、軍事介入を思いとどまった。ゴムウカは、ポーランドにとってソ連の持つ意味は、ソ連にとってポーランドが持つ意味よりも大きいと述べ、激怒するフルシチョフを説得した。フルシチョフは十月二十日朝、モスクワへの帰路についた。

十月二十四日、数十万のワルシャワ市民を相手にした集会でゴムウカは演説をし、こう締め括《くく》った。「本日、ワルシャワおよび全国の勤労市民に呼びかける。集会と示威運動はもう十分だ！　労働者階級および国民と一体化した党が、ポーランドを新しい道を通って社会主義へと導くことを改めて自覚しつつ、日々の仕事に向かうべき時が来た」。

ゴムウカはフルシチョフの信用を得るとともに、ポーランド国民からも絶大な信頼を勝ち取った。ポーランド全土が異常な熱気に包まれた。「十月の春」と言われる所以である。

三月事件

一九五六年十月の政権復帰以降、しばらくの間、ゴムウカの政治は〃小康状態〃を保ち、大過なく推移していた。

一九六〇年代に入ると、様相が変わってきた。公安当局ではミェチスワフ・モチャルが「パルティザン派」を結成し、影響力を強めており、ゴムウカにとっても脅威となっていた。

一九六七年十一月、ワルシャワの国立劇場でミツキェヴィチ原作の「父祖の祭り」が上演された。当局はこの演目が反ソ的であるとして、翌六八年一月十六日、「父祖の祭り」が一月三十日をもって終了となる旨を発表した。最終日の公演終了後、学生の一部が劇場近くにあるミツキェヴィチ像に花束を置いたところ、警官と揉《も》め、三五人が逮捕される事件へと発展した。この様子を、ワルシャワ大学の学生のアダム・ミフニクとヘンリク・シュライフェルがフランスの特派員に報告すると、二人には退学処分が下された。三月、大学では学生集会が開かれたが、警察の介入により騒動に発展した。パルティザン派が学生騒動を煽《あお》るとともに、反ユダヤ・キャンペーンを展開した。三月事件後、反ユダヤ主義が蔓延した。事件後、ユダヤ系市民約一万五〇〇〇人がポーランドを離れた。

一九六八年六月六日付の検察庁の報告によれば、三月事件での逮捕者は二七〇〇人以上に及んだ。多くの教員が大学から締め出された。逮捕者の中には、ワルシャワ大学助手のヤツェク・クロンとカロル・モゼレフスキもいた。二人は「党への公開書簡」を書き、六五年に懲役刑の判決を受けていた（クロン三年、モゼレフスキ三年半。クロンは六七年五月に、モゼレフスキは同年八月に仮釈放）。一方、パルティザン派のモチャルは、三月事件後、党中央委員会政治局候補兼書記に〝昇進〟したが、これはゴムウカが仕組んだ左遷だった。モチャルはこうして公安機関から外されたのである。

三月事件は学生と知識人が主体となった運動であった。労働者はこの運動に合流しなかった。一九七〇年の十二月事件では、この逆の展開となる。

十二月事件

ゴムウカの外交面での功績については議論の余地がない。一九五〇年七月、東ドイツとオーダー・ナイセ線を国境とすることで調印していたが（ズゴジェレツ条約）、西ドイツとの交渉は滞っていた。しかし、七〇年十二月七日、ようやく「西ドイツ・ポーランド国交正常化条約」の調印に漕《こ》ぎつけたのであった。

この外交上の成果の余勢を駆って、同年十二月十二日土曜日の夕方、価格改定を発表した。土曜日の発表の裏には、ストライキがすぐ発生しないようにとの政府の思惑があった。ポーランドの経済はこの二年ほど前から危機的状況に陥っており、たびたび「経済操作」が実施されていた。今回の価格の上昇は、食肉とその加工品（平均一七・六％）、大麦（三一％）、パスタ類（一五％）、魚およびその加工品（一一・七％）、小麦粉（一六・六％）、ジャム（三六・二％）などだった。一方、テレビ、冷蔵庫、洗濯機などでは価格が下げられた。低所得者ほど生活にダメージが大きい価格改定であった。折からクリスマス前で消費が高まろうかという時期だった。

週明けの十四日月曜日から、抗議行動が始まった。グダンスクの造船所がまずストライキに突入した。翌日には隣のソポト、グディニャ（いずれもグダンスク近郊の都市）にストライキが飛び火した。その後シュチェチンなどにも拡大した。労働者は通りに出、党地区本部に放火はするは、商店の掠奪はするはで暴徒化した。警察との衝突により犠牲者も出た。死者の数はグダンスク九人、グディニャ一八人、シュチェチン一六人、エルブロンク一人を数えた。ゴムウカは退陣を余儀なくされた。十二月二十日、エドヴァルト・ギェレクが党第一書記に就任した。

ギェレク政権下で

一九七一年一月八日、政府は向こう二年間、食肉、牛乳および乳製品、砂糖、小麦粉、パスタ類の価格を凍結することを決めた。ギェレクはグダンスクやシュチェチンに直接足を運び、労働者との直談判に応じた。同月二十五日のグダンスクでの会合で、ギェレクは人々に「どうだ、諸君、助けてくれるかね」と問いかけると、「助けるとも!」との回答を得た。ギェレクの交渉術はゴムウカにはないものだった。労働者は学生や知識人とは異なり、社会主義にまだ望みを託していた。

ギェレクが本質的な経済改革に着手することはなかった。物流を良くし、人々の生活水準を向上させたことは事実であるが、その裏付けとなったのは外資の導入、すなわち借金であった。一九七〇年代前半には、ソ連ブロックのすべての国が外資に頼った。対西側債務は二〇億ドルから四五〇億ドルにまでなったが、ポーランドの債務はその四分の一を占めた。外資頼みの経済はいずれ破綻《はたん》することは必定だった。危機は早くも七三年には表れており、食肉の不足は翌年以降常態化した。

一九七六年六月二十四日、商品の値上げを首相のピョトル・ヤロシェヴィチが発表した。ギェレクによる発表ではないのは、自分の名前と値上げとが結びつくことを懸念したためであった。値上げ率は、食肉が平均で六九%、バター五〇%、砂糖一〇〇%などであった。翌二十五日、ラドム、ウルスス（ワルシャワ近郊の小さな町）、プウォツクで労働者が抗議行動に出た（六月事件）。翌日、政府は値上げ計画の撤回を公にした。労働者が政府に対して自信を深める結果になった。

第264代ローマ教皇に選ばれたヨハネ・パウロ２世（中央）

六月事件ののち、この事件に関連して弾圧を受けた人々を支援しようとする組織が現れた。KOR（労働者擁護委員会）である。発起人には作家のイェジ・アンジェイェフスキのほか一三人が名を連ねていた。KORには多種多様な人々が参加し、その成果も大きかった。七七年九月にはKSS（社会自衛委員会）KORと改称した。

ポーランド出身のローマ教皇

一九七八年十月十六日、クラクフ大司教のカロル・ヴォイティワがローマ教皇に選ばれた。イタリア人以外の枢機卿《すうききょう》から選ばれたのは、実に四五五年ぶりのことであった。ヴォイティワはヨハネ・パウロ二世として二六年間教皇を務めることになる（二〇〇五年四月二日、帰天）。

ヨハネ・パウロ二世の最初の里帰りは一九七九年六月に実現した。政府は教会の影響力が甚大であることを恐れ、当初里帰りに難色を示していたが、最終的には譲歩し、訪問は実現した。ヨハネ・パウロ二世は、教皇の在任中、政府に抗する市民を支持することがたびたびあった。最初の祖国巡礼でもそれが垣間見られる。六月二日、ワルシャワの勝利広場（現ピウスツキ広場）で開かれた説教では、翌日がペンテコステ（聖霊降臨）の主日《しゅじつ》であることにちなんで、以下の言葉で締め括られた。

汝の聖霊が下らんことを
汝の聖霊が下らんことを
そして地の本質が改められんことを
この地の！　アーメン

（加藤久子訳）

最後の「この地の」に、政府批判を込めたとされる。

コラム　尾を引く戦争の記憶

直接戦火を交えることはなかったが、太平洋戦争突入後、日本とポーランドの外交関係は絶たれていた（一九四一年十二月十一日、ポーランドは日本に宣戦布告）。戦後、ソ連ブロックに組み入れられたポーランドが、ソ連に先んじて日本と外交関係を再開することなど考えられなかった。敗戦後一〇年以上の歳月を経てようやく一九五六年に日ソ間に国交が回復すると、日本・ポーランド間にも外交関係回復の機が熟すこととなる。両国は翌五七年五月十八日に国交を回復した。この直後、突如として一定数のポーランド派（一九二〇年代生まれのポーランドの映画監督から成る）の映画が日本に輸入・公開され、一大ブームをなすに至る。「パサジェルカ」は当時公開された作品の一つである。

作品の梗概《こうがい》は次のとおりである。大西洋を航行する豪華客船上で、かつてアウシュヴィッツ・ビルケナウで看守をしていたリザ（アレクサンドラ・シロンスカ）は、その監視下に置いていたマルタ（アンナ・チェピェレフスカ）と思われる女性を目撃する。こうして、一度は封印した過去の記憶がリザの内に蘇《よみがえ》ってくる。リザは夫のヴァルター（ヤン・クレチュマル）に告白する。リザはマルタをいろいろと優遇してやったのだが、マルタはそれに恩義を感じていなかった。ある日、マルタは「死のブロック」に連行された。そのマルタを救うことは一看守にすぎないリザでは不可能だった、と。次にリザの独白が始まるが、その内容はヴァルターに告白したものとは異なっていた。リザはマルタに嫉妬《しっと》しており、彼女を征服し、支配下に置きたいと思っていた。一度は屈服したかに見えたマルタではあったが、事実はそうではなかった。やがてリザがマルタに懲罰を科す時がやってくる。リザの行動は戦時下の特殊な場における避け得ないものだったのであろうか。船上の二人の女性が今後再会することはないが、アウシュヴィッツの記憶が消えることはないだろう。

監督のアンジェイ・ムンクは「パサジェルカ」を製作中の一九六一年九月に自動車事故で不慮の死を遂げ、作品は未完のままで終わるかと思われた。しかし、残された映像記録にスチール写真を加え、友人の映画監督ヴィトルト・レシェヴィチの協力を得て、二年後、どうにか完成に漕ぎつけた。

「パサジェルカ」とは英語の passenger（乗客）にあたるポーランド語であるが、接尾辞 -ka から、これが女性の乗客で、しかも単数であることがわかる。ムンクは「パサジエルカ」撮影中のインタヴューでこう語っている。「私の映画には処刑シーンは出てこない。アウシュヴィッツでの葛藤《かっとう》を心理的側面から描きたいと思っている。映画の主たる狙いは、自分は〝命令に従っただけ〟であり、無辜《むこ》であると思っている女性〔リザ〕を映し出すことだ」。実際この作品は心理劇と言うべきであり、残虐シーンを前面に持ってくることはその趣旨ではない。

「パサジェルカ」は全編ポーランド語で語られている。現在この作品がリメイクされるとしたら、元看守リザの台詞《せりふ》は当然ドイツ語になるだろう。

第八章　民主化運動と東欧改革

――自主管理労組「連帯」とワレサ

「連帯」の誕生

一九八〇年七月一日、政府が突然食肉の値上げを実施した。これに対し、全国で抗議のストライキが発生した。値上げの額については公式の発表はなく、平均六〇%とも二倍とも言われる。一七七の企業が閉鎖、約八万件のストライキにまで拡大した。

グダンスクのレーニン造船所では、レフ・ワレサ（ポーランド語読みではヴァウェンサ）の指揮下に八月十四日、ストライキに突入した。十六日、グダンスクはゼネスト状態となった。同日、「工場間ストライキ委員会」（自主管理労組「連帯」の前身）が結成された（委員長ワレサ）。ストライキ委員会は、二一項目から成る政治的・経済的要求を発表した。

ストライキはバルト海沿岸の三都市（グディニャ、ソポト、グダンスク）を中心に展開し、その後、ポーランド全域に波及した。政府は譲歩を余儀なくされ、八月三十日、カジミェシュ・バルチコフスキ副首相ら政府代表団がシュチェチンで、翌三十一日にはミェチスワフ・ヤギェルスキ副首相がグダンスクでストライキ委員会との間で合意文書に署名した。ワレサは自伝でこの時のことを次のように回想している。

ヤギエルスキを信用することはとうていできなかった。だが同じ論法で言えば、あらゆる協定が一枚の紙きれにすぎないのである。われわれは熟考を重ねた。専門家たちが達した結論はこうだった――いずれにせよ、このポーカーゲームに全幅の信を置くのはあまりにも危険である。今日署名された協定が明日もまだ効力を有しているかどうかは誰にもわからない。とりあえず現在協定が成立するとすれば、あとのことは最善を尽くすだけだ――これがわれわれの一致した結論だった。

（筑紫哲也、水谷驍訳）

「連帯」の前身である「工場間ストライキ委員会」のワレサ委員長　左はヤギェルスキ副首相

九月一日にはヤストシェンビェ鉱山で対話が持たれ、三日に合意文書に調印となった。こうして労働者側は、自主管理労働組合の結成を含む広範な権利を獲得した。

この一連の流れの結果として、九月十七日、独立自主労働組合「連帯」が誕生した。

戒厳令布告を宣言するヤルゼルスキ

戒厳令布告

一九八〇年九月五―六日の第六回中央委員会総会でポーランド統一労働者党はギェレク第一書記の解任を決め、新たにスタニスワフ・カニャを後任に選出した。新政府は絶えず「連帯」に圧力をかけたが（たとえば「連帯」の合法化に干渉）、このことが逆に「連帯」の結束を強化し、全国的な反政府組織へと導く結果となった。ソ連の軍事介入の可能性も高まり（八〇年十二月には国境沿いにソ連軍が配置され、翌八一年三月にはポーランド領内でワルシャワ条約諸国軍の合同軍事演習も実施された）、「連帯」運動は自制を余儀なくされるようになった。

党は「連帯」に対し、時には妥協し時には制限を強化するなどしたが、基本線では譲歩することはなかった。一九八一年三月十九日のビドゴシュチ事件（警察によりビドゴシュチの県国民議会の建物から「連帯」代表団が排除された事件）では政府は毅然《きぜん》たる態度をとった。同年二月十一日、ヴォイチェフ・ヤルゼルスキが首相に就いたが（国防相を兼任）、この背景に

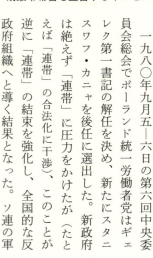

はソ連からの圧力があった。ヤルゼルスキは第九回党大会（八一年七月十四―二十日）で次期党第一書記に選ばれた。

「連帯」の急進派がいっそう過激な要求をしていく一方で、社会は疲弊し、不安を募らせていた。一九八一年九月五―十日および九月二十六日―十月七日の「連帯」総会では、「自己管理するポーランド」という組合のプログラムが採択されるとともに、組合指導部を選出した。こうしたなか、ソ連の軍事介入の可能性は高まっていた。

同八一年十二月十三日、ヤルゼルスキはポーランド全土に戒厳令を布告した。軍が政権を握り、憲法も停止した。通りには戦車や装甲車が現れ、夜間外出禁止令が出され、厳しい検閲と盗聴が行われた。当時、在ワルシャワ・日本大使館の一等書記官だった中野賢行《なかのけんこう》は、混乱する大使館の様子をこう記している（『激動したポーランド　戒厳令下のワルシャワ1年7ヵ月の実録』）。

大使館に着くと、大使以下数人の先発組がもう集まっていた。「何かあったのですか。」と尋ねると、「それが、何が起きたのか分からないのです。」という返事。次席の参事官が情報収集に飛び廻《まわ》っているということだった。電話が不通になったのは皆も同じだとわかった。（…）

正午近くまでに、日本人会会長、商工会会長、日本人学校長、留学生代表が顔を揃《そろ》えた。やはり異常を察知して足を運んで来たのである。（…）本邦外務省へは、差し当たり在留邦人の事故は無く、皆な無事である旨の第一報を簡単にまとめた。この日の会合でできた事はせいぜいこの程度であった。「戦時体制が敷かれた」ということは分かっていたが、その具体的内容はまだ皆目見当がつかなかったのである。

ヤルゼルスキの回想録によれば、当時、ベラルーシ駐留師団長ヴィクトル・ドゥビーニンには、十二月十四日にもポーランドに入れるよう待機命令が出されていた。もしこれが事実であるとすれば、ポーランドはヤルゼルスキの絶妙のタイミングでの戒厳令導入により、流血の惨事を免れたということになる。ヤルゼルスキの言葉を借りれば、「〝より小さい悪〟、つまり国を救うためのやむを得ざる措置」だったということにもなろう。

「連帯」は非合法組織とされ、幹部や支持した知識人の多くが逮捕された。ストライキは警察機動隊と軍により鎮圧された。カトヴィツェ（ポーランド南部の都市）のヴィエク炭鉱では九人の鉱員が亡くなった。戒厳令の導入にもかかわらず、大衆による抵抗運動が消滅することはなかった。しかし、その勢いは確実に減じた。「連帯」はビラを作成したり冊子を配布するなどして地下活動を続けた。一九八三年のノーベル平和賞はワレサに贈られ、「連帯」

は精神面では勝利した。戒厳令は同年七月二十二日にようやく解除された。

円卓会議の開催

政府が喧伝した「正常化」は言葉だけのもので、経済改革は奏功していなかった。経済は悪化の一途をたどり、社会不安は増大した。これと並行して、反政府勢力は大衆の支持を獲得した。政府は先例に従い、段階的に自由化を進めざるを得なかった。

一九八五年にミハイル・ゴルバチョフがソ連の共産党書記長に就任したことは、ポーランド統一労働者党の政策や運営に重大な影響を及ぼした。翌八六年九月、すべての「連帯」幹部が釈放された。

一九八六―八七年頃の国内経済は依然悲惨な状態であった。政府は、経済が「第二段階」に入ったと喧伝した。第一段階が何を意味するかは不明であったが、一般には物価引き上げを画策しているものと認識されていた。政府は大衆の支持が不可欠だと考えたが、「連帯」活動の再開は容認したくなかった。そこで考え出されたのが、国民投票の実施であった。投票は八七年十一月二十九日に実施されることになった。質問事項は次の二点である。

①二、三年間の急速な変革期に困難が伴うということを踏まえたうえで、国会に提出され

た、生活条件の明らかな改善を意図した、経済を急速に健全化するプログラムが完全に実施されることに賛成するか。

②自治の強化、公民権の拡大、国政への市民参加の増大を目指す、ポーランド型政治活動の大幅な民主化に賛成するか。

有権者の過半数の賛成が得られた場合のみ、国民投票で支持されたものと決められた。ワレサは投票ボイコットを訴えたが、有権者の六七・三％もの人が投票した。①の問いに賛成したのは投票者の六六％、②の問いでは六九％であった。したがって、国民からの支持は、①では約四四％、②では約四六％という結果が出た。国民投票での敗北を受け、政府は反体制側との妥協を模索せざるを得なくなった。

一九八八年四―五月、インフレによる生活苦からビドゴシュチ、ノヴァ・フタ（クラクフ近郊の都市）、スタロヴァ・ヴォラ、グダンスクでストライキが発生した。ストライキはいったん鎮静化したのち、八月、今度はシロンスク地方を中心とする鉱山地帯で起こった。政府は妥協案を模索せざるを得なかった。チェスワフ・キシュチャク内相は、八月二十七日、円卓会議の開催を提唱した。年内の会議開催は予定されていたが、出席者の選定をめぐって政府・「連帯」間でなかなか折り合いがつかなかった。予備交渉、予備会議を経て、一九八九年二月六日、ようやく円卓会議が開催された。非合法組織となっていた「連帯」のワレサ委員長、反体制派知識人のブロニスワフ・ゲレメク（歴史学者）、ヤツェク・クロン（社会活動家）、タデウシュ・マゾヴィエツキ（同前）、トマシュ・ストシェンボシュ（歴史学者）らも参加者に含まれていた。

三月九日、政治改革に関する作業部会が開かれ、大統領制の導入、上院の新設などで合意を見た。上院議員は完全な自由選挙で選出されるが、下院では、野党勢力に対して三五％の議席を与えるという条件付きであった。また、大統領は上下両院によって選出されることになった。大統領は、首相の指名、上下両院の解散権など、強力な権限を有することが決まった。

円卓会議は以上のような決定を含む、社会主義圏において画期的な改革案を採択し、四月五日閉会した。

「連帯」内閣の誕生と問題点

円卓会議閉会からわずか二ヵ月後の六月四日と十八日の両日、総選挙が実施された。四月に再合法化されたばかりの「連帯」は、上院一〇〇議席のうち九九議席（残りの一議席は実業家のヘンリク・ストクウォサで、統一労働者党党員ではない）を、また下院では野党枠の一六一議席のすべてを獲得した。ポーランド国民は「連帯」系候補者に投票することで、党体制に対し、明確に否の回答をしたのであった。

新たな国会にとって最初の大きな課題は大統領の選出であった。出馬をめぐってごたごたが続いたが、結局立候補したのはヤルゼルスキ党第一書記だけだった。七月十九日に行われた上下両院の投票では、賛成二七〇票、反対二三三票、棄権三四票、無効七票で、当選に必要な過半数にかろうじて達するという、薄氷の勝利だった。統一労働者党はもはや野党の存在を無視できないところまで来ていたのである。

次の課題は首相の指名であった。八月二日、キシュチャクは首相に選ばれたが、組閣に失敗し、同月十四日辞任した。その後ワレサの工作により、八月二十四日、マゾヴィエツキが首相に指名された。ポーランドではこうして「連帯」が流血の惨事を経ることなくコミュニスト政府から政権を奪取するに至ったのである。

統一労働者党がかつてのような勢いを失ったのは当然のことであった。一九九〇年一月二十七—二十九日、最後の党大会が開催された。ここで同党は正式に解散し、イデオロギー上の対立から複数の政党が生まれていった。

皮肉なことに、「連帯」もまた分裂という運命をたどることになった。ワレサとマゾヴィエツキは「連帯」運動の最初から協力し合ってきた間柄であったが、この二人が内輪もめを演じることになる。二人の間には改革の進め方をめぐって意見の大きな隔たりがあった。

マゾヴィエツキが行った改革とはおおむね次のようなものである。一九八九年十月十二日にレシェク・バルツェロヴィチ蔵相は、市場経済の完全導入、インフレ抑制などを盛り込んだ経済再建計画を発表した。そこには、補助金の廃止、企業の合理化が含まれており、失業の発生や耐乏生活が予想された（のちにそれが現実のものとなる）。国民はそれまでともすると、自らの貧困の原因を社会主義に帰し、資本主義を賛美することが少なくなかったが、実際のそれがバラ色一色ではないことを身をもって学んでいくことになった。

一九九〇年一月一日からバルツェロヴィチ計画が実施された。物価は一時的に急上昇した。しかし、公約どおり三月までには、それまで慢性化していたインフレがぴたりと収まり、社会主義圏に付きものの行列もなくなった。

こうした「ショック療法」の影響をもろに受けたのは、補助金に助けられていた経済的弱者である。相対的には、国民の生活レベルは明らかにダウンした。マゾヴィエツキ政権が行った経済改革が軌道に乗り、効果を確認できるまでには、国民はいましばらく辛抱する必要があった。

これにクレームをつけたのがワレサである。彼は早期の経済的成果を求めたが、マゾヴィエツキは今が最も大事な時であり、ここで焦ったのではそれまでの努力が無駄になってしまうと説明した。

しかし、こうした違いもさることながら、最も本質的な問題と思われるのが、旧統一労働者党党員の扱いである。ワレサは公職からこれら幹部を一掃すべきであると主張していたが、マゾヴィエツキはこの点で寛大であった。

ワレサ、大統領へ

ワレサとマゾヴィエツキの対立を決定的にしたのは、大統領の後任をめぐる問題であった。ヤルゼルスキ大統領に対して国民が抱いていた不満については、一九八九年十二月十三日に、八年前に彼が戒厳令を布告したことに対し、ワルシャワほか数都市で大統領の辞任を求める暴動が起こっていることからも明らかであった。こうしたなか、一九九〇年四月にワレサは大統領選挙への立候補を表明したが、これは問題ある行為であった。当時ヤルゼルスキは五年以上の任期を残しており、ワレサの宣言は現職大統領に対する辞任要求に近いものがあったからである。

マゾヴィエツキ寄りの議員は、ワレサの宣言が大統領ポストに対する私欲の表れであると非難した。六月二十四日に開かれた「連帯」の選挙母体である「市民委員会」の総会で、反ワレサの有力幹部六三名が脱会を宣言した。こうして「連帯」は事実上分裂するに至ったのである。七月十六日には、マゾヴィエツキ側は「市民運動・民主行動」という新たな政治組織を結成した。

このような険悪な状況下、九月十八日、ユゼフ・グレンプ枢機卿が仲介になり、ヤルゼルスキ、ワレサ、マゾヴィエツキによる会談の場が設けられた。しかし何ら解決策を見出すことはできなかった。ところが同日夜、ヤルゼルスキは自分の任期を短縮するよう国会に要請することを明らかにしたのである。事実上の辞意表明であった。九月二十日召集の国会でこれが認められ、二十七日に大統領選挙の実施要項が発表された。それによれば、立候補のためには一〇万人以上の署名が必要であり、選挙は国民の一般投票というかたちで十一月二十五日に実施されることが決まった。最多得票者が過半数の票を得られない場合には、十二月九日に上位二名による決選投票が行われることになった。

ワレサ、マゾヴィエツキ、ロマン・バルトシュチェ（農民党）、ヴウォジミェシュ・チモシェヴィチ（旧統一労働者党系）、レシェク・モチュルスキ（独立ポーランド連盟）、スタニスワフ・ティミンスキ（無所属）が立候補し、二ヵ月間にわたる選挙戦に入った。マゾヴィエツキ出馬の背景には、ワレサ当選阻止という狙いがあった。

当初の予想では、ワレサとマゾヴィエツキによる事実上の一騎打ちになるものと思われた。選挙戦中盤でもその形勢に変わりはなかった。十月二十九―三十日に行われた世論調査では、ワレサ三三%、マゾヴィエツキ二六%、バルトシュチェ六%、チモシェヴィチ四%、モチュルスキ二%、ティミンスキ二%という結果が出た。この段階ではまだ四分の一もの人々が誰に投票するか未定と答えている。

ところが、十一月十二―十三日の世論調査では、ワレサ三五%、マゾヴィエツキ一九%、ティミンスキ一七%、バルトシュチェ七%、チモシェヴィチ五%、モチュルスキ二%、未定一五%という数字が出た。ワレサが過半数を取れないことはほぼ確実となってきたため、誰が決選投票に駒《こま》を進められるかに関心が移ってきた。二%というのは誤差の範囲内であることから、ティミンスキがワレサと争うことも十分に考えられる情勢となった。

一九九〇年大統領選挙の分析

十一月二十五日の選挙は投票率六〇・六%という低調なものであった。第一回投票は、ワレサ四〇%、ティミンスキ二三・一%、マゾヴィエツキ一八%、チモシェヴィチ九・二%、バルトシュチェ七・二%、モチュルスキ二・五%という結果になった。

ワレサは全四九県(一九九九年からは全一六県)のうち四四県で一位となったが、過半数を獲得したのは九県に過ぎない。四県ではティミンスキに一位を奪われている。シュチェチン県ではマゾヴィエツキに次いで二位であった。最多得票を集めたノヴィ・ソンチ県でも六二・三％、最少のピワ県では二五・二％であった。選挙前、八〇％は取ると豪語していたワレサにとってはショッキングな結果となった。ワレサが大量得票した県は東部、それもその中央と南部に多い。この地域には多くの個人農がいて、社会的結びつきが強く、共産主義に対する反発が根強いことが特徴である。

ティミンスキは四県で一位、三三県で二位、一〇県で三位、二県で四位であった。マゾヴィエツキより三八県で多くの票を得た。ティミンスキが多くの票を得た県は、北東部に特に多い。この地域はワレサの場合とは対照的に、社会的つながりが弱く、宗教観念に乏しく、犯罪発生率が高い。農村や地方都市が中心で、インテリが少なく、失業率が高い地域でもある。

マゾヴィエツキはシュチェチン県で一位、九県で二位、二一県で三位、五県で四位、一三県で五位という成績であった。南東部のザモシチ県ではわずか五％という悲惨な結果が出た。マゾヴィエツキが多くの票を得た県は西側に偏っている。特に大都市の市民からの支持が厚く、経済的に豊かであることが特徴である。

選挙戦において、ワレサは熱弁を振るい、経済的弱者の心を捉えた。実現の可能性など考えることなく、会う人会う人に明るい未来を約束した。これに対しマゾヴィエツキは、静かな語り口で、いま少しの辛抱を求めたのであるが、国民の理解を得られなかった。国民の多くが「連帯」の内部分裂と中傷合戦に辟易《へきえき》していた。

このようなか、ティミンスキの存在は新鮮に映った。彼については不明な点があまりにも多い。精神疾患に罹《かか》っているとか、ドメスティック・ヴァイオレンスの癖があるとか、コミュニストとつながりがあるとか、さまざまなことが言われた。ともあれ、二〇年以上もポーランドを離れ、カナダ、ペルーで成功した実業家という触れ込みであった。「お前たちを金持ちにしてやる」とは甘言であった。かかる人物が大統領選挙で二位に食い込んだことは、社会主義政権、次いで「連帯」に夢破れた市民の声の反映である。ポーランド国民の多くが、真に頼るべきものを失ってしまったということであろう。

チモシェヴィチが九%以上を獲得したことにも注目したい。これは、旧政権下のほうがまだ良かったと感じている人が少なからずいたことを示しているのである。

第二回投票は十二月九日に実施されたが、マゾヴィエツキ票がそのままワレサ側に移った感があり、結果的にはワレサが七四・二五%の票を獲得し、ティミンスキに圧勝した。しかし、投票率は五三・四%と、いっそう低調に終わった。

一連の変革を経て

一九八九年二月のポーランドでの円卓会議開催から九一年十二月のソ連崩壊あたりにかけ

て旧ソ連ブロックで起きた変革を指して、日本では「東欧革命」と呼ぶことが多い。「革命」との呼称を支持する意見を挙げよう。次は南塚信吾《みなみづかしんご》氏（ハンガリー史）の見解である（『東欧を知る事典』〈平凡社〉）。

一九八九年に始まる東欧諸国での旧体制の崩壊を、〈革命〉とよぶ者も、〈改革〉とよぶ者も、〈体制転換〉とよぶ者もいるが、ここではそれを〈革命〉とよぶことにする。それは、政治権力の交替に民衆蜂起があったからではない。そうではなくて、政治権力が交替しただけでなく、民衆の生活の側からみて、決定的な転換が起きたからである。

八九年十二月のルーマニアのニコラエ・チャウシェスク大統領処刑のような衝撃的事件があったことも事実であるが、ポーランドの場合、起こったのは過去の状態への復帰であり、「革命」という言葉を用いるのは的確ではないように思われる。実際、ポーランドでは「革命」（rewolucja）という語は用いられていない。一八四八年の「諸国民の春」（ヨーロッパで革命が連鎖的に発生した）になぞらえ、「諸国民の秋」と言われることが多い。「東欧革命」という呼称については検討してみる余地があるのではなかろうか。

コラム　映画・演劇の巨匠、アンジェイ・ワイダ

アンジェイ・ワイダ監督が二〇一六年十月九日、肺不全のためワルシャワで逝去した。ワイダは一九二六年三月六日、ポーランド東北部のスヴァウキの生まれ。四六年、クラクフ芸術大学に進学。四九年、同大学を中退し、ウッチ映画大学で監督学を学ぶ。五三年卒業。五五年公開の「世代」が長編劇映画デビュー作。生涯に撮った長編（テレビ映画やオムニバス作品を除く）は三五本に上り、「残像」（二〇一六年）が遺作となった。

かつてわが国ではポーランド映画が注目された時代があり、監督はその〝火付け役〟となった一人であった。実際、今から六〇年近く前の映画誌をめくると次のような記述が見える。「昨年の「地下水道」、今年の（…）「灰とダイヤモンド」と、ポーランド映画は日本でちょっとしたブームである。（…）少しでも外国映画に興味をもっている人が集ると、必ずといっていいほどポーランド映画の話が出るほどである」（「編集室」『キネマ旬報』一九五九年九月上旬号）。

「地下水道」は一九五六年のワイダ監督の長編二作目の作品である。ワルシャワ蜂起で

ドイツ軍に追い詰められたポーランドの国内軍部隊が、中央区のメンバーに合流しようと下水道をさまようさまを写実的に描写した。「灰とダイヤモンド」は五八年の作品で、党の地区幹部の暗殺を決行したマチェク・ヘウミツキ（ズビグニェフ・ツィブルスキ）が、自身も非業の死を遂げるというエンディングである。

体制批判とも取られかねない「灰とダイヤモンド」は、当時のポーランドの厳しい検閲をいかにしてクリアしたのか。ワイダは後年こう語っている。「撃たれた主人公はゴミ捨て場を駆けていき、倒れ、最後にゴミの山に埋もれて死んでいきます。検閲官はどう判断したでしょう？　主人公は反逆者で、同志である共産党の幹部を殺した。だからゴミの山で死ぬのは当然だ、という解釈です。（…）映画を観《み》た人はどう考えるでしょう？　この青年を殺し、ゴミの山で死に至らしめた体制とはいったい何なのか。そう考えるのです。二つの解釈は両方が正しく、観客と検閲官では違った見方で映画を観ているのです」（二〇〇〇年放送のNHK衛星第1「21世紀への証言　アンジェイ・ワイダ」）。つまり監督は、活字（脚本）で検閲をクリアしさえすれば、映像で観客に行間を読ませることはいくらでも可能だと捉え、またそれを実行したのであった。

「灰とダイヤモンド」が当時の日本の学生や知識人に与えた影響は凄《すさ》まじく、若手監督だった大島《おおしま》渚《なぎさ》や吉田《よしだ》喜重《よししげ》などの作品に模倣と思《おぼ》しきシーンが散見されるほどである。

ポーランド史に深く関係し、日本人にはかなり難解なこの二作が高く評価され、人気を博したことについて、監督はこう語ったことがある。「日本の伝統では英雄になるのは敗者であり、それゆえ、《地下水道》や《灰とダイヤモンド》は日本で理解されたのだ、と。ヨーロッパの伝統では、敗北はマイナスです。日本では、敗北した者に正義のある場合がある。そして、ポーランド人もまたそうであったのです」（ワイダ『映画と祖国と人生と…』〈凱風社、二〇〇九年〉）。日本・ポーランド両国には、〝敗北の美学〟という共通の文化があるという主張である。

監督は日本人に対するリップサービスでこのように言ったわけではない。一九八七年、監督は京都賞（科学や文明の発展に貢献した人を顕彰する国際賞）を受賞し、受賞者挨拶《あいさつ》でこう述べている。「私はただ今いただきました京都賞の賞金の全額を、クラクフ国立博物館の日本関係コレクションのために寄贈させていただきます」。そしてその言葉どおり、九四年十一月、「日本美術技術センター」は古都クラクフにオープンし、現在の「日本美術技術博物館」に至る。監督は真の親日家であった。歌舞伎《かぶき》俳優の坂東玉三郎《ばんどうたまさぶろう》を主役に、ドストエフスキーの『白痴』を原作とする「ナスターシャ」の舞台公演をしたこともある（八九年）。

監督には、「大理石の男」（七七年）、「鉄の男」（八一年）など、検閲官とのせめぎ合いの末、かろうじてお蔵入りを免れた作品もあった。「サムソン」（六一年）、「コルチャック先生」（九〇年）、「聖週間」（九五年）のように、ユダヤ人とホロコーストの問題も制作の重要なモチーフになっていた。監督は国内外の文芸作品を愛好し、「白樺《しらかば》の林」（七〇年）、「婚礼」（七二年）、「約束の土地」（七四年）、「悪霊」（八八年）なども撮っている。

一九八九年には、完全な自由選挙で行われた上院議員選挙に立候補し、当選を果たした。政治家になることが必ずしも目的ではなく、自分が先頭に立つことでポーランド自由化の先鞭をつけられるとの判断による出馬であった。監督は「ポーランドの良心」そのものであった。

古稀《こき》を迎えても創作意欲が衰えることはなく、「パン・タデウシュ物語」（九九年）、「仕返し」（二〇〇二年）、「カティンの森」（〇七年）、「菖蒲《しょうぶ》」（〇九年）、「ワレサ　連帯の男」（一三年）と、大作を次々と世に送り出した。文字どおり「生涯現役」であった。

二〇一六年十月十九日、クラクフで葬儀がしめやかに執り行われた。日本との交流関係も深かった監督のことだから、あちらの世界で工藤幸雄《くどうゆきお》氏（ポーランド文学者）、高野悦子《たかのえつこ》氏（岩波ホール元総支配人）、黒澤明《くろさわあきら》監督らと歓談しているのではなかろうか。あるいは、映画・演劇・文学論を激しく戦わせているかもしれない。

終章　ポーランドはどこへ向かうのか

第三共和政の始まり

一九九〇年十二月二十二日、ワルシャワで亡命政府ポーランド大統領リシャルト・カチョロフスキ（一九八九年七月就任）から、大統領の権力を表す印章がワレサに手交された。これは、亡命政府からの政権の継続性を意味した。これより先の八九年十二月二十八日に国会は国名を「ポーランド共和国」に変更することを可決しており、第三共和政は既にこの時から始まっていた。

一九九〇年十一月二十七日、大統領選挙第一回投票でワレサに敗れたマゾヴィエツキが首相を辞した。十二月三十日、「連帯」系の「自由民主会議」議長のヤン・クシシュトフ・ビェレツキが首相に指名され、翌九一年一月十二日、閣僚名簿が発表された。バルツェロヴィチは蔵相に留任し、マゾヴィエツキ政権に続き経済改革を継続したが、ビェレツキ政権は翌年に予定されていた国会選挙までの選挙管理内閣に過ぎなかった。

一九九一年十月二十七日に国会選挙が行われた。完全な自由選挙ではあったが、一〇〇を超える政党が立候補者を出す乱立選挙でもあった。九〇年十二月に結成されたばかりの「民主同盟」が下院で最多の六二議席を、旧統一労働者党の流れを汲む「民主左翼連合」が六〇議席を得た。ビェレツキ内閣は十二月六日総辞職し、ヤン・オルシェフスキ（中央連合）が新首相に就任した。しかし、首相と大統領の関係は最悪で、ワレサは首相退陣を要求した。下院で賛成二七三票、反対一一九票、棄権五五票で可決され、九二年六月、オルシェフスキは辞職した。次の首相のヴァルデマル・パヴラク（ポーランド農民党）は七月一日に下院で所信表明を行ったものの、組閣に失敗した。その後、七月十一日、ハンナ・スホツカ（民主同盟）内閣が発足した。首相と大統領との関係は良好であったが、九三年五月二十八日、「連帯」系の議員アロイジ・ピェトシクが出した不信任案が可決され、政権は倒れた。しかし大統領が国会解散と九月の総選挙という手段に打って出たため、それまで（九三年十月二十六日まで）はスホツカ政権が続いた。

一九九三年九月十九日に実施された総選挙では、民主左翼連合が第一党（下院で一七一議席、上院で三七議席）に、ポーランド農民党が第二党（下院で一三二議席、上院で三六議席、民主同盟が第三党（下院で七四議席、上院で四議席）になった。首相には前年組閣に失敗したパヴラクが指名された。パヴラク内閣ではワレサ大統領との確執が続いた（九五年三月に首相辞任）。後任の首相には民主左翼連合のユゼフ・オレクシが就いた。

一九九五年、ワレサ大統領の任期が切れ、十一月に選挙が行われた。五日の第一回投票では過半数を獲得した候補者はなく、ワレサとアレクサンデル・クファシニェフスキ（民主左翼連合）の間で十九日に決選投票が行われることになった。結果はクファシニェフスキの勝

第三共和政の歴代首相と大統領

首相（出身政党）	首相の任期
マゾヴィエツキ（「連帯」市民委員会）	1989年12月―1991年1月
ビェレツキ（自由民主会議）	1991年1月―12月
オルシェフスキ（中央連合）	1991年12月―1992年6月
パヴラク（ポーランド農民党）	1992年7月
スホツカ（民主同盟）	1992年7月―1993年10月
パヴラク②（ポーランド農民党）	1993年10月―1995年3月
オレクシ（民主左翼連合）	1995年3月―1996年1月
チモシェヴィチ（民主左翼連合）	1996年2月―1997年10月
ブゼク（「連帯」選挙行動）	1997年10月―2001年10月
ミレル（民主左翼連合）	2001年10月―2004年5月
ベルカ（民主左翼連合）	2004年5月―6月
ベルカ②（民主左翼連合）	2004年6月―2005年10月
マルチンキェヴィチ（法と正義）	2005年10月―2006年7月
J・カチンスキ（法と正義）	2006年7月―2007年11月
トゥスク（市民プラットフォーム）	2007年11月―2014年9月
コパチ（市民プラットフォーム）	2014年9月―2015年11月
シドゥウォ（法と正義）	2015年11月―2017年12月
モラヴィエツキ（法と正義）	2017年12月―

大統領
ヤルゼルスキ
ワレサ
クファシニェフスキ
L・カチンスキ
（代行）
コモロフスキ
ドゥダ

利だった（五一・七二％）。ワレサは任期切れの直前に、オレクシは旧ソ連のスパイだったなどと問題を惹起《じゃっき》し、大統領職への執念を見せたが、最終的には選挙結果に従った。

クファシニェフスキ大統領

一九九六年一月二十五日、オレクシは辞任し、二月一日、クファシニェフスキ大統領は、チモシェヴィチ（民主左翼連合）に組閣を命じた。二月七日、内閣が発足した。チモシェヴィチ内閣は翌九七年十月まで続いた。これ以降、イェジ・ブゼク（一九九七年十月—二〇〇一年十月）、レシェク・ミレル（〇一年十月—〇四年五月）、マレク・ベルカ（〇四年五月—〇五年十月）がクファシニェフスキ大統領に首相に指名された。ブゼク内閣は、「『連帯』選挙行動」（「連帯」と右翼カトリック勢力が、九七年九月の総選挙に際し結成した選挙ブロック）と「自由同盟」（「民主同盟」と「自由民主会議」が合併して誕生）の連立政権であった。ミレル内閣は民主左翼連合・労働同盟・ポーランド農民党による連立政権であった。ベルカはウッチ大学の教授（経済学専攻）で、一九九六―二〇〇一年に大統領の経済顧問を務めた人物である。

クファシニェフスキは二期（一九九五年十二月―二〇〇五年十二月）、大統領を務めた。この間、ポーランドは九九年三月に北大西洋条約機構（NATO）、二〇〇四年五月に欧州連合（EU）に加盟した。九六年、詩人のヴィスワヴァ・シンボルスカがポーランドで四人目のノーベル文学賞を受賞するという朗報もあった（シンボルスカ以前の受賞者は、一九〇五年のシェンキェヴィチ、二四年のヴワディスワフ・レイモント、八〇年のチェスワフ・ミウォシュ）。九七年十月十七日、五二年憲法に替わる一三章二四三条から成る新憲法が施行された。

カチンスキ大統領

二〇〇五年九月二十五日、総選挙が実施された。「法と正義」が第一党（二六・九九%、一五五議席）に、「市民プラットフォーム」が第二党（二四・一五%、一三三議席）になった。民主左翼連合は第四位（一一・三一%、五五議席）と、大きく後退した。首相には「法と正義」のカジミェシュ・マルチンキェヴィチが就いた。

〇五年十月九日と十月二十三日、大統領選挙が行われた。レフ・カチンスキ（法と正義）がドナルト・トゥスク（市民プラットフォーム）を下して、大統領に選ばれた。

二〇〇六年七月、レフ・カチンスキの双子の兄のヤロスワフ・カチンスキが首相に指名された。兄弟で大統領・首相職を独占するという前代未聞の人事であった。〇七年十月二十一日に行われた総選挙では、市民プラットフォームが第一党（四一・五一％、二〇議席）、「法と正義」が第二党（三二・一一％、一六六議席）となった。首相にはトゥスクが就いた。

二〇一〇年四月十日、スモレンスク近郊でポーランド大統領専用機が大破した。大統領カチンスキ夫妻を含む乗客・乗員九六名全員が死亡した。同機はカティンの森事件の追悼式典に向かう途中であった。悪天候のなか、繰り返し着陸が試みられたというが、ロシア主催の追悼式典に大統領が招かれなかったことから、自分たちで別に催す式典を成功させたいとの思いがあったようだ。事故原因は解明されていないが、ポーランドで囁《ささや》かれたロシア陰謀説が正しいということはないだろう。カティンの森事件とこの飛行機事故を結びつけて考える必要は皆無であるが、大統領夫妻がクラクフのヴァヴェル大聖堂に葬られたことで、殉死・殉教としての側面が強調されたかたちとなった。

コモロフスキ大統領以降

ポーランド共和国憲法第一三一条第二項の規定により、カチンスキ死去に伴い、国会議長のブロニスワフ・コモロフスキ（市民プラットフォーム）が大統領職に就いた。二〇一〇年に行われた大統領選挙でもコモロフスキが選ばれた。

トゥスク政権は二〇一四年九月まで続いた。トゥスクは同年十二月からはEU首脳会議常任議長（EU大統領）を務めている。トゥスクに引き続き、市民プラットフォームのエヴァ・コパチが首相に就いた。

二〇一五年五月に行われた大統領選挙では、再選を目指したコモロフスキが敗れ、アンジェイ・ドゥダ（法と正義）が選ばれた。

二〇一五年十月、総選挙が実施され、「法と正義」が第一党となった（三七・五八％、二三五議席）。十一月、ベアタ・シドゥウォ（法と正義）が首相に指名された。シドゥウォ政権はカトリックの伝統に根ざした愛国主義を唱える右派政権であり、反EUの立場をとっており、国防面ではウクライナ危機からNATOとの関係を重視する。

半世紀にわたった社会主義政権ののちにようやく獲得した民主主義であったが、いまポーランドではこれに逆行する動きが顕著である。憲法裁判所のチェック機能を弱めようとしたり、報道機関の独立性を制限しようとする動きも見られる。また、移民や難民の受け入れにも消極的だ。ポーランドは今どこへ向かおうとしているのか。「失敗の後の賢いポーランド人」という諺《ことわざ》がポーランド語にはあるが、その叡智《えいちい》は活かされるだろうか。

経済の行方

ポーランドがEU内で誇れるのは、生産年齢人口の豊かさである。しかも、三五歳以下の人口が全体の過半数を占めている。この若年人口の多さは大いに魅力であり、昨今のポーランド経済がEUの〝優等生〟と言われる源泉にもなっている。

ポーランド経済の好転の背景には、まず安価な労働力が挙げられる。多くの外国企業（日本企業も例外ではない）の資本を誘致した。次に、二〇〇四年にEUに加盟したことで、西側での労働の機会を求めて、特にイギリスとアイルランドで就労するポーランド人が急増した。その数はそれぞれ一〇〇万、五〇万と見積もられている。こうした出稼ぎ労働者（ホワイトカラーもいるが、単純労働者が圧倒的に多い）がポーランドにもたらす送金は無視できないほどに大きい。

ポーランド人は西側で発生する、自分たちに向けられたヘイトクライムを嘆くが、彼らは祖国にあっては、ウクライナ人、ロシア人、ヴェトナム人などに対して、ポリティカル・コレクトネス（差別的な意味や誤解を生じないよう、政治的に妥当な表現をすること）の点で問題を惹起している。イギリス人やアイルランド人がポーランド人に職を奪われることを懸念するように、ポーランド人は自国では、東側からやってくる外国人労働者に差別的な姿勢をとっていることが多い。

イギリスがEUから正式に離脱する時が、ポーランド経済にとっての転換点になるかもしれない。イギリスで就労の自由が奪われた時、かの地のポーランド人労働者はどこに向かうであろうか。大挙して祖国に戻ってくることはないであろうが、ある程度の数は帰国するだろう。その結果、国内でのヘイトクライムが増加することはないだろうか。

ポーランドは、ギェレク政権では借款《しゃっかん》で表面上の繁栄を見た。現在の繁栄も、EUやIMF（国際通貨基金）などからの融資と無縁ではない。自助努力だけで経済が好転したわけでは決してないのである。問題は経済の歯車がうまく回転しなくなった場合だ。ポーランドではここ数十年、全国規模のストライキは発生していない。しかし、ポーランドの労働者にとってストライキほど〝美味《おい》しい〟ものはない。ストライキを行使することで、己が要求を通してきた歴史がこの国にはある。戒厳令導入時の混沌《こんとん》とした時代を体験していない世代が過半数を占める若いポーランドでは、国を揺さぶるような大衆運動が再燃する可能性はいつでもあると言えるのではなかろうか。

コラム　ワルシャワ蜂起記念館

ワルシャワ蜂起記念館設立構想は政治的理由から多年にわたって実現することがなかった。スターリン死後の「雪解け」の時期（一九五六年）に設立構想が議論されるが、実質一九八一年まで動きがなかった。「連帯」運動を受け、「ワルシャワ蜂起記念館設立社会委員会」が組織されたが、八一年十二月十三日の戒厳令の施行により水泡に帰した。八三年、当時のワルシャワ市長ミェチスワフ・デンビツキは、蜂起記念館の設立構想を明らかにするが、それはワルシャワ市歴史博物館の分館としての扱いであった。ともあれ、こうして展示品の蒐集が始まった。

一九八四―九四年には、ワルシャワ蜂起記念館を、かつて蜂起軍の拠点の一つがあったビェランスカ通りに設けることで準備が進められていた。八四年、ワルシャワ市歴史博物館の当時の館長ヤヌシュ・ドゥルコは、ポーランド建築家協会と連携して、蜂起記念館の建築デザインの公募を始めた。八六年には、コンラト・クチャ＝クチンスキ、アンジェイ・ミクラシェフスキ、ズビグニェフ・パヴウォフスキの共同設計案を採用することが決まった。九四年には竣工式《しゅんこうしき》まで挙行されたのだが、所有地をめぐってトラブルが生じ、結局、建物の完成には至らなかった。

状況が一転したのは、二〇〇二年にレフ・カチンスキがワルシャワ市長に当選してからである。カチンスキは、ワルシャワ蜂起六〇周年記念日までには記念館をオープンすると公約したのであった。翌〇三年七月、ヤン・オクワコフスキが記念館設立代表に任命され、市電発電所跡に記念館を建てることが決定された。同年八月、建築デザインも再び公募された。十月、応募一三点の中からヴォイチェフ・オプトゥウォヴィチのデザインを採用することが決まった。十一月、展示品を募集したところ、二〇〇〇点を超す品が集まった。記念館建設は二〇〇四年四月に始まり、三交替の二四時間態勢で作業が進められ、同年七月三十一日、開館に至った。

ワルシャワ蜂起記念館にとって、既存のワルシャワ軍事博物館やワルシャワ市歴史博物館との「棲《す》み分け」が、課題と言えば課題である。

あとがき

本書の執筆中に幾度かデジャ・ヴュ（既視現実）のようなものを感じた。ある事件について書いている時、これは既に書いたのではなかろうかという感覚である。調べてみると、実際似たような事実が起きているのである。ポーランド人によるユダヤ人迫害・虐殺は、イェドヴァブネ事件（一九四一年）、キェルツェ事件（一九四六年）、三月事件（一九六八年）がそうであるし、大衆が指導者を熱狂的に迎え入れた出来事といえば、ピウスツキの場合しかり、ゴムウカの（復帰の）場合しかり、ワレサの場合しかりである。労働者の暴動で言えば、一九七〇年と一九八〇年は似ている。歴史的に見ると、先行する事件が教訓となった場合もあれば、そうならなかった場合もあり、人間の営みの不思議を見るような気がした。

中央公論新社の並木光晴氏から本書執筆の依頼があったのは二〇一五年五月のことであった。新書程度の分量ならすぐ書けるだろうと軽い気持ちでお引き受けしたのだが、いざ作業を始めると、これが思いのほかきつい仕事であることがわかった。ポーランド研究に従事している手前、ポーランド史の基本知識はあるつもりでいたが、ある時代のことは比較的よく知っていても、他の時代についてはそうでないなど、まずは己が知識の偏りを思い知らされた。様々な文献にあたりつつ筆を進めたので、脱稿までに二年以上を要した。この間、叱咤《しった》激励を怠らず、辛抱強く筆者の原稿の完成を待たれた並木氏には衷心より謝意を表したい。

本書では基本的な史実については網羅するようにしたつもりであるが、専門家からは、これも抜けている、あれも抜けているとお叱《しか》りを受けることであろう。また、事実関係での誤認もないとはいえないであろう。責任のすべては筆者に帰せられるものである。読者諸氏の斧正《ふせい》を乞うものである。

二〇一七年六月

渡辺克義

主要参考文献

家本博一『ポーランド「脱社会主義」への道　体制内改革から体制転換へ』（名古屋大学出版会、一九九四年）

伊東孝之『ポーランド現代史』（山川出版社、一九八八年）

伊東孝之、井内敏夫、中井和夫編『ポーランド・ウクライナ・バルト史』（山川出版社、一九九八年）

伊東孝之、南塚信吾、NHK取材班、A・ドゥプチェク『NHKスペシャル 社会主義の20世紀』（第三巻、日本放送出版協会、一九九〇年）

梅田良忠編『東欧史』（山川出版社、一九五八年）

尾崎俊二『記憶するワルシャワ　抵抗・蜂起とユダヤ人援助組織ŻEGOTA「ジェゴタ」』（光陽出版社、二〇〇七年）

尾崎俊二『ワルシャワ蜂起　1944年の63日』（東洋書店、二〇一一年）

尾崎俊二『ワルシャワから 記憶の案内書　トレブリンカ、ティコチン、パルミルィ、プルシュクフへ』（御茶の水書房、二〇一六年）

梶さやか『ポーランド国家と近代史　ドンブロフスキのマズレク』（群像社、二〇一六年）

加藤久子『教皇ヨハネ・パウロ二世のことば 一九七九年、初めての祖国巡礼』（東洋書店、二〇一四年）

A・ガルリツキ（渡辺克義、田口雅弘、吉岡潤監訳）『ポーランドの高校歴史教科書【現代史】』（明石書店、二〇〇五年）

A・ギエイシュトルほか（鳥山成人訳）『ポーランド文化史』（弘文堂、一九六二年）

S・キェニェーヴィチ編（加藤一夫、水島孝生訳）『ポーランド史』（恒文社、一九八六年）
M・キュリー（木村彰一訳）「キュリー自伝」（『人生の名著　8』大和書房、一九六八年）
Y・クーロン、K・モゼレフスキ（塩川喜信訳）『ポーランド共産党への公開状　反官僚革命［増補］』（柘植書房、一九八〇年）
J・T・グロス（染谷徹訳）『アウシュヴィッツ後の反ユダヤ主義　ポーランドにおける虐殺事件を糾明する』（白水社、二〇〇八年）
小森田秋夫『体制転換と法　ポーランドの道の検証』（有信堂高文社、二〇〇八年）
小山哲『ワルシャワ連盟協約（一五七三年）』（東洋書店、二〇一三年）
J・K・ザヴォドニー（中野五郎、朝倉和子訳）『消えた将校たち　カチンの森虐殺事件』（みすず書房、二〇一二年）
柴宜弘、伊東孝之、南塚信吾、直野敦、萩原直監修『新版　東欧を知る事典』（平凡社、二〇一五年）
A・ジョベール（山本俊朗訳）『ポーランド史』（白水社、一九七一年）
白木太一『近世ポーランド「共和国」の再建　四年議会と五月三日憲法への道』（彩流社、二〇〇五年）
白木太一『一七九一年五月三日憲法』（群像社、二〇一六年）
高橋了『ポーランドの九年　社会主義体制の崩壊とその後　1986〜1995』（海文堂出版、一九九七年）
田口雅弘『ポーランド体制転換論　システム崩壊と生成の政治経済学』（御茶の水書房、二〇〇五年）
田口雅弘『現代ポーランド経済発展論　成長と危機の政治経済学』（岡山大学経済学部、二〇一三年）
田村進『増補改訂　ポーランド音楽史』（雄山閣出版、一九九一年）
J・M・チェハノフスキ（梅本浩志訳）『ワルシャワ蜂起　1944』（筑摩書房、一九八九年）
土谷直人『ポーランド文化史ノート』（新読書社、一九八五年）
N・デイヴィス（染谷徹訳）『ワルシャワ蜂起1944』（白水社、二〇一二年）
中野賢行『激動したポーランド　戒厳令下のワルシャワ1年7ヵ月の実録』（非売品、一九八四年）

中山昭吉『近代ヨーロッパと東欧　ポーランド啓蒙の国際関係史的研究』（ミネルヴァ書房、一九九一年）
中山昭吉、松川克彦編『ヨーロッパ史研究の新地平　ポーランドからのまなざし』（昭和堂、二〇〇〇年）
M・ハルトフ（西野常夫、渡辺克義訳）『ポーランド映画史』（凱風社、二〇〇六年）
E・パワシュ＝ルトコフスカ、A・T・ロメル（柴理子訳）『日本・ポーランド関係史』（彩流社、二〇〇九年）
阪東宏『ポーランド革命史研究　一月蜂起における指導と農民』（青木書店、一九六八年）
阪東宏編『現代ポーランドの政治と社会』（日本国際問題研究所、一九六九年）
阪東宏『ポーランド人と日露戦争』（青木書店、一九九五年）
阪東宏『ヨーロッパにおけるポーランド人』（青木書店、一九九六年）
阪東宏編『ポーランド史論集』（三省堂、一九九六年）
阪東宏『世界のなかの日本・ポーランド関係　1931―1945』（大月書店、二〇〇四年）
広瀬佳一『ポーランドをめぐる政治力学』（勁草書房、一九九三年）
福嶋千穂『ブレスト教会合同』（群像社、二〇一五年）
Z・ヘルマンほか編（関口時正、重川真紀、平岩理恵、西田諭子訳）『ショパン全書簡　1816～1831年――ポーランド時代』（岩波書店、二〇一二年）
M・ポプシェンツカ（渡辺克義、加須屋明子、小川万海子訳）『珠玉のポーランド絵画』（創元社、二〇一四年）
松川克彦『ヨーロッパ　1939』（昭和堂、一九九七年）
C・ミウォシュ（関口時正、西成彦、沼野充義、長谷見一雄、森安達也訳）『ポーランド文学史』（未知谷、二〇〇六年）
S・ミコワイチク（広瀬佳一、渡辺克義訳）『奪われた祖国ポーランド　ミコワイチク回顧録』（中央公論新社、二〇〇一年）

南塚信吾『東欧革命と民衆』（朝日新聞社、一九九二年）
南塚信吾、宮島直機『'89　東欧改革』（講談社、一九九〇年）
早坂真理『イスタンブル東方機関　ポーランドの亡命愛国者』（筑摩書房、一九八七年）
藤井和夫『ポーランド近代経済史　ポーランド王国における繊維工業の発展（1815―1914年）』（日本評論社、一九八九年）
宮崎悠『ポーランド問題とドモフスキ　国民的独立のパトスとロゴス』（北海道大学出版会、二〇一〇年）
宮島直機『ポーランド近代政治史研究』（中央大学生協出版局、一九七八年）
矢田俊隆編『東欧史（新版）』（山川出版社、一九七七年）
山田朋子『中東欧史概論』（鳳書房、二〇〇一年）
山本俊朗、井内敏夫『ポーランド民族の歴史』（三省堂、一九八〇年）
W・ヤルゼルスキ（工藤幸雄監訳）『ポーランドを生きる　ヤルゼルスキ回想録』（河出書房新社、一九九四年）
吉岡潤『戦うポーランド　第二次世界大戦とポーランド』（東洋書店、二〇一四年）
J・ルコフスキ、H・ザヴァツキ（河野肇訳）『ポーランドの歴史』（創土社、二〇〇七年）
渡辺克義『カチンの森とワルシャワ蜂起　ポーランドの歴史の見直し』（岩波書店、一九九一年）
L・ワレサ（筑紫哲也、水谷驍訳）『ワレサ自伝　希望への道』（社会思想社、一九八八年）
『匿名のガル年代記　中世ポーランドの年代記』（荒木勝訳、麻生出版、二〇一四年）

Archiwum Prezydenta Warszawy Stefana Starzyńskiego, oprac. M. M. Drozdowski, Warszawa 2004.
J. Basista, T. Czekalski, D. Kałwa, J. Poleski, K. Stopka, *Kalendarium dziejów Polski. Od prahistorii do 1998*, Kraków 1999.
W. Bartoszewski, *Warszawski pierścień śmierci 1939-1944. Terror hitlerowski w okupowanej stolicy*, Warszawa 2008.

J. Bąk, *Ilustrowana historia Polski dla najmłodszych*, Warszawa 2013.
A. Borkiewicz, *Powstanie warszawskie 1944. Zarys działań natury wojskowej*, wyd II, Warszawa 1964.
St. Broniewski, *Pod Arsenałem*, Warszawa 1957.
St. Broniewski, *Akcja pod Arsenałem*, Warszawa 1983.
B. Chiari, *Die polnische Heimatarmee. Geschichte und Mythos der Armia Krajowa seit dem Zweiten Weltkrieg*, München 2003.
A. Chwalba, T. Gąsowski (red), *Słownik historii Polski 1939-1948*, Kraków 1994.
M. Czajka, M. Kamler, W. Sienkiewicz, *Leksykon historii Polski*, Warszawa 1995.
A. Czubiński, J. Topolski, *Historia Polski*, Wrocław 1988.
N. Davies, *God's Playground: A History of Poland*, Oxford, 1981.
L. Dąbkowska-Cichocka (red.), *Katalog Muzeum Powstania Warszawskiego*, Warszawa 2006.
Documents on Polish-Soviet Relations, 1939-1945, General Sikorski Historical Institute, vol. I-II, London, 1961, 1967.
M. K. Dziewanowski, *Poland in the 20th Century*, New York, 1977.
J. Eisler, *Zarys dziejów politycznych Polski 1944-1989*, Warszawa 1992.
Encyklopedia staropolska, oprac. A. Brückner, Warszawa 1990.
Encyklopedia Warszawy, red. St. Herbst i in., Warszawa 1975.
Encyklopedia Warszawy, red. B. Petrozolin-Skowrońska i in., Warszawa 1994.
W. Fałkowski i in., *Historia Polski. Atlas ilustrowany*, Warszawa 2016.
J. Garliński, *Polska w drugiej wojnie światowej*, Londyn 1982.
K. Grünberg i in., *Historia od X - XX wieku. Kronika wydarzeń. Polska i sąsiedzi*, Toruń 1992.
K. Hovi, *Puolan historia*, Keuruu 1994.

История Польши, под редакцией В. Д. Королюка, И. С. Миллера, П. Н. Третьякова, т. I-III, Москва 1956-58.
N. Iwanow, *Powstanie warszawskie widziane z Moskwy*, Kraków 2010.
A. Karlikowski, *Nasze nazwiska*, Warszawa 2012.
J. Kirchmayer, *Powstanie Warszawskie*, wyd. VII, Warszawa 1973.
H. von Krannhals, *Der Warschauer Aufstand 1944*, Frankfurt am Main 1964.
A. Krzemiński, *Polen im 20. Jahrhundert*, München 1993.
J. Krzyczkowski, *Konspiracja i powstanie w Kampinosie 1944*, Warszawa 1961.
E. Kumor, *Wycinek z historii jednego życia*, Warszawa 1967.
W. Kurkiewicz, A. Tatomir, W. Żurawski, *Tysiąc lat dziejów Polski. Kalendarium*, Warszawa 1979.
J. Kuroń, J. Żakowski, *PRL dla początkujących*, Wrocław 2001.
A. Kwiatkowska-Viatteau, *Varsovie insurgee 1944*, Bruxelles 1984.
R. E. Leslie (ed.), *The History of Poland since 1863*, Cambridge, 1980.
J. S. Majewski, T. Urzykowski, *Przewodnik po powstańczej Warszawie*, Warszawa 2007.
St. Okęcki, *Cudzoziemcy w polskim ruchu oporu 1939-1945*, Warszawa 1975.
E. Olczak (ed.), *A Painted History of Poland*, Warsaw, 2013.
A. Paczkowski, *Pół wieku dziejów Polski 1939-1989*, Warszawa 2000.
Powstanie warszawskie. Antologia tekstów nieobecnych, oprac. J. Marszalec, J. Z. Sawicki, Toruń 2004.
H. Rollet, *La Pologne au XXe siècle*, Paris 1984.
K. Rymut, *Nazwiska Polaków*, Wrocław - Warszawa - Kraków 1991.
K. Rymut, *Nazwiska Polaków. Słownik historyczno-etymologiczny*, t. I-II, Kraków 1999.
G. Sanford, A. Gozdecka-Sanford, *Historical Dictionary of Poland*, New York - London, 1994.

Секреты польской политики 1935-1945 гг., сост. Л. Ф. Соцков, Москва 2010.
W. Sienkiewicz, *Mały słownik historii Polski*, Warszawa 1991.
A. Skrzypek, *Mechanizmy uzależnienia. Stosunki polsko-radzieckie 1944-1957*, Pułtusk 2002.
P. Stachiewicz, *Akcja „Kutschera”*, wyd. II poszerzone, Warszawa 1987.
T. Strzembosz, *Akcje zbrojne podziemnej Warszawy 1939-1944*, Warszawa 1983.
J. Topolski, *Zarys dziejów Polski*, Warszawa 1986.
M. Tymowski, *Najkrótsza historia Polski*, Gdańsk 1993.
M. Tymowski, J. Kieniewicz, J. Holzer, *Historia Polski*, Paryż 1986.
M. Wach（Hg.）, *Der Polnische Film. Von seinen Anfängen bis zur Gegenwart*, Marburg 2013.
J. Wałek, *Dzieje Polski w malarstwie i poezji*, Warszawa 1987.
L. Wysznacki, *Warszawa zbrojna 1794-1918, 1939-1945*, Warszawa 1979.
H. Zamojski, *Jak wywołano powstanie warszawskie? Tragiczne decyzje*, Warszawa 2013.
J. M. Zawadzki, *1000 najpopularniejszych nazwisk w Polsce*, Warszawa 2002.
M. Zima, *Węgrzy wobec Powstania Warszawskiego*, Pruszków 2015.

ポーランド略年表

年号	事項
九世紀半ば	ポラニェ族を中心に、平原部の統一が進む
九六六年	ミェシュコ一世によりグニェズノを中心としてポーランド統一。ピャスト朝始まる
一〇二五年	ポーランド王国成立
一二四一年	モンゴル軍侵入。レグニツァの戦い
一三二〇年	ヴワディスワフ・ウォキェテク、ポーランド王として戴冠
一三三三年	カジミェシュ三世（大王）即位
一三六四年	クラクフ大学が創立される
一三七〇年	カジミェシュ三世没、ピャスト朝の断絶
一三七四年	コシツェの特権
一三八六年	ヤドヴィガがリトアニアのヨガイラ大公と結婚。ヨガイラがポーランド王ヴワディスワフ二世となり、ヤギェウォ朝始まる
一四一〇年	グルンヴァルトの戦い
一五〇五年	ニヒル・ノヴィ法
一五三七年	鶏戦争
一五六九年	ルブリンの合同

ポーランド略年表

一五七二年	ヤギェウォ朝断絶、国王自由選挙制始まる
一五七三年	ワルシャワ連盟協約
一五九六年	ブジェシチ・リテフスキ教会合同
一六四八年	フミェルニツキの乱が始まる
一六五二年	リベルム・ヴェトが初めて行使される
一六五五年	ポーランド・スウェーデン戦争（「大洪水」）が始まる
一六八三年	ヤン三世ソビェスキがウィーンを包囲したトルコ軍を撃退
一七〇〇年	北方戦争が始まる
一七六四年	スタニスワフ・アウグスト・ポニャトフスキが即位
一七七二年	ロシア・プロイセン・オーストリアによる第一次分割が行われる
一七九一年	五月三日憲法が制定される
一七九三年	ロシア・プロイセンによる第二次分割が行われる
一七九四年	コシチュシュコ蜂起が起こる
一七九五年	ロシア・プロイセン・オーストリアによる第三次分割が行われ、ポーランド滅亡
一八〇七年	ワルシャワ公国成立
一八一五年	ウィーン会議により、ポーランド王国、ポズナン大公国、クラクフ共和国が成立
一八三〇年	十一月蜂起が起こる
一八三六年	ポワティエ宣言
一八四六年	クラクフ蜂起、ガリツィアの虐殺が起こる
一八四八年	諸国民の春、ポズナン、ガリツィアで民族運動が発生
一八六三年	一月蜂起が起こる

一九〇五年	ワルシャワやウッチでストライキ発生
一九一四年	ポーランド軍団結成
一九一六年	ドイツ・オーストリア二皇帝がポーランド世襲王国の創設を宣言
一九一八年	ポーランドが独立する
一九一九年	ヴェルサイユ条約でポーランド共和国が認められる。ソ連との国境（カーゾン線）が決定される
一九二〇年	ポーランド・ソヴィエト戦争始まる
一九二一年	三月憲法。リガ条約
一九二六年	五月クーデタ
一九三五年	四月憲法。ピウスツキ逝去
一九三九年	ドイツ軍、続いてソ連軍がポーランド侵攻。ワルシャワ陥落
一九四〇年	亡命政府がロンドンに移転。カティンの森事件が起こる（発覚は一九四三年）
一九四二年	ポーランド労働者党成立。国内軍結成
一九四三年	ワルシャワ・ゲットー蜂起
一九四四年	ポーランド国民解放委員会発足。ワルシャワ蜂起
一九四五年	ワルシャワ解放。挙国一致内閣成立
一九四六年	キェルツェ事件
一九四八年	ゴムウカ、ポーランド労働者党の書記長を解任される（後任の書記長はビェルト）。ポーランド労働者党とポーランド社会党が合同し、ポーランド統一労働者党が成立
一九五二年	ポーランド人民共和国憲法を制定

ポーランド略年表

一九五六年	二月のソ連共産党第二〇回大会におけるフルシチョフのスターリン批判がきっかけとなり、非スターリン化が急速に進む。ポズナン暴動。ゴムウカがポーランド統一労働者党第一書記に
一九五七年	ポーランドと日本の国交回復
一九六八年	三月事件起こる
一九七〇年	十二月事件の責任を問われ、ゴムウカ失脚。後任としてギェレクが第一書記に就任。積極的な外資の導入を図る
一九七六年	六月事件起こる
一九七八年	ヴォイティワ枢機卿がローマ教皇に選出される（ヨハネ・パウロ二世）
一九八〇年	政府による食肉価格値上げにより、全土で抗議のストライキ発生。グダンスクで独立自主管理労組「連帯」発足。ミウォシュ、ノーベル文学賞受賞
一九八一年	戒厳令導入、「連帯」幹部の逮捕
一九八三年	戒厳令解除。ワレサ、ノーベル平和賞受賞
一九八七年	国民投票実施、政府提案の経済改革への同意得られず
一九八九年	円卓会議開催。「連帯」の再合法化、国会議員選挙の実施が決定。初の自由選挙で「連帯」が圧勝。マゾヴィエツキが首相に。憲法の改正、国民の直接選挙による大統領選挙の導入。政府が市場経済導入などを骨子とする経済再建計画を発表。国名が「ポーランド共和国」となる
一九九〇年	ポーランド統一労働者党解党。「連帯」が分裂。ワレサ、大統領に選出される
一九九三年	総選挙、民主左翼連合とポーランド農民党が勝利
一九九五年	大統領選挙、クファシニェフスキが勝利
一九九六年	シンボルスカ、ノーベル文学賞受賞
一九九九年	ポーランドがNATOに正式加盟

二〇〇四年	ポーランドがEUに正式加盟
二〇〇五年	大統領選挙、レフ・カチンスキが勝利
二〇一〇年	カティンの森事件七〇周年追悼式典に向かった政府専用機が墜落し、カチンスキ大統領夫妻を含む乗員・乗客九六人全員が死亡。コモロフスキが大統領に就任
二〇一四年	トゥスクがEU首脳会議常任議長（EU大統領）に就任
二〇一五年	大統領選挙、ドゥダが勝利

渡辺克義（わたなべ・かつよし）

1960年（昭和35年），新潟県生まれ．東京外国語大学ロシア語学科卒業．東京都立大学大学院修士課程修了．東京大学大学院博士課程修了（博士，文学）．ワルシャワ大学大学院修了（Ph.D.）．山口県立大学教授，長岡崇徳大学教授などを歴任．専門はポーランドの歴史と文化，ポーランド語学．
著書に『カチンの森とワルシャワ蜂起』（岩波ブックレット），『ザメンホフとエスペラント』（日本エスペラント学会），『ポーランドを知るための60章』（編著，明石書店），『ポーランド学を学ぶ人のために』（編著，世界思想社）など．訳書に『アンジェイ・ワイダ 自作を語る』（共訳，ヴァンダ・ヴェルテンシュタイン編，平凡社），『奪われた祖国ポーランド』（共訳，スタニスワフ・ミコワイチク著，中央公論新社），『ポーランド映画史』（共訳，マレク・ハルトフ著，凱風社），『映画と祖国と人生と…』（共訳，アンジェイ・ワイダ著，凱風社），『珠玉のポーランド絵画』（共訳，マリア・ポプシェンツカ著，創元社）など．

物語《ものがたり》 ポーランドの歴史《れきし》
中公新書 2445

2017年7月25日初版
2025年4月30日5版

著者 渡辺克義
発行者 安部順一

本文印刷 暁印刷
カバー印刷 大熊整美堂
製本 フォーネット社

発行所 中央公論新社
〒100-8152
東京都千代田区大手町1-7-1
電話 販売 03-5299-1730
編集 03-5299-1830
URL https://www.chuko.co.jp/

Published by CHUOKORON-SHINSHA, INC.
Printed in Japan ISBN978-4-12-102445-9 C1222

中公新書刊行のことば

いまからちょうど五世紀まえ、グーテンベルクが近代印刷術を発明したとき、書物の大量生産は潜在的可能性を獲得し、いまからちょうど一世紀まえ、世界のおもな文明国で義務教育制度が採用されたとき、書物の大量需要の潜在性が形成された。この二つの潜在性がはげしく現実化したのが現代である。

いまや、書物によって視野を拡大し、変りゆく世界に豊かに対応しようとする強い要求を私たちは抑えることができない。この要求にこたえる義務を、今日の書物は背負っている。だが、その義務は、たんに専門的知識の通俗化をはかることによって果たされるものでもなく、通俗的好奇心にうったえて、いたずらに発行部数の巨大さを誇ることによって果たされるものでもない。現代を真摯に生きようとする読者に、真に知るに価いする知識だけを選びだして提供すること、これが中公新書の最大の目標である。

私たちは、知識として錯覚しているものによってしばしば動かされ、裏切られる。私たちは、作為によってあたえられた知識のうえに生きることがあまりに多く、ゆるぎない事実を通して思索することがあまりにすくない。中公新書が、その一貫した特色として自らに課すものは、この事実のみの持つ無条件の説得力を発揮させることである。現代にあらたな意味を投げかけるべく待機している過去の歴史的事実もまた、中公新書によって数多く発掘されるであろう。

中公新書は、現代を自らの眼で見つめようとする、逞しい知的な読者の活力となることを欲している。

一九六二年一一月

世界史

世界史

2323 文明の誕生　小林登志子
2727 古代オリエント全史　小林登志子
2523 古代オリエントの神々　小林登志子
1818 シュメル―人類最古の文明　小林登志子
1977 シュメル神話の世界　岡田明子・小林登志子
2613 古代メソポタミア全史　小林登志子
2841 アッシリア全史　小林登志子
2661 朝ペルシア―史上初の世界帝国　アケメネス　阿部拓児
1594 物語 中東の歴史　牟田口義郎
2496 物語 アラビアの歴史　蔀 勇造
1931 物語 イスラエルの歴史　高橋正男
2067 物語 エルサレムの歴史　笈川博一
2753 エルサレムの歴史と文化　浅野和生
2205 聖書考古学　長谷川修一
2253 禁欲のヨーロッパ　佐藤彰一
2409 贖罪のヨーロッパ　佐藤彰一
2467 剣と清貧のヨーロッパ　佐藤彰一
2516 宣教のヨーロッパ　佐藤彰一
2567 歴史探究のヨーロッパ　佐藤彰一

中公新書

世界史

1045 物語 イタリアの歴史 藤沢道郎
1771 物語 イタリアの歴史 II 藤沢道郎
2595 ビザンツ帝国 中谷功治
2663 物語 イスタンブールの歴史 宮下遼
2152 物語 近現代ギリシャの歴史 村田奈々子
2440 バルカン―「ヨーロッパの火薬庫」の歴史 M・マゾワー 井上廣美訳
1635 物語 スペインの歴史 岩根圀和
1750 物語 スペインの歴史 人物篇 岩根圀和
1564 物語 カタルーニャの歴史(増補版) 田澤耕
2820 レコンキスタ―「スペイン」を生んだ中世800年の戦争と平和 黒田祐我
2582 百年戦争 佐藤猛
2658 物語 パリの歴史 福井憲彦
1963 物語 フランス革命 安達正勝
2286 マリー・アントワネット 安達正勝
2529 ナポレオン四代 野村啓介

2318 2319 物語 イギリスの歴史(上下) 君塚直隆
2696 物語 スコットランドの歴史 中村隆文
2167 イギリス帝国の歴史 秋田茂
1916 ヴィクトリア女王 君塚直隆
1215 物語 アイルランドの歴史 波多野裕造
1420 物語 ドイツの歴史 阿部謹也
2766 オットー大帝―辺境の戦士から「神聖ローマ帝国」樹立者へ 三佐川亮宏
2801 神聖ローマ帝国 山本文彦
2304 ビスマルク 飯田洋介
2490 ヴィルヘルム2世 竹中亨
2583 鉄道のドイツ史 鴋澤歩
2546 物語 オーストリアの歴史 山之内克子
2434 物語 オランダの歴史 桜田美津夫
2279 物語 ベルギーの歴史 松尾秀哉
1838 物語 チェコの歴史 薩摩秀登
2445 物語 ポーランドの歴史 渡辺克義
1131 物語 北欧の歴史 武田龍夫

2456 物語 フィンランドの歴史 石野裕子
1758 物語 バルト三国の歴史 志摩園子
1655 物語 ウクライナの歴史 黒川祐次
1042 物語 アメリカの歴史 猿谷要
2817 アメリカ革命 上村剛
2824 アメリカ黒人の歴史(増補版) 上杉忍
2623 古代マヤ文明 鈴木真太郎
1437 物語 ラテン・アメリカの歴史 増田義郎
1935 物語 メキシコの歴史 大垣貴志郎
2545 物語 ナイジェリアの歴史 島田周平
2741 物語 オーストラリアの歴史(新版) 竹田いさみ 永野隆行
1644 ハワイの歴史と文化 矢口祐人
2561 キリスト教と死 指昭博
2442 海賊の世界史 桃井治郎
518 刑吏の社会史 阿部謹也
2839 ユダヤ人の歴史 鶴見太郎

中公新書

現代史

f 3

中公新書

芸術

k1

2072 日本的感性　佐々木健一
1296 美の構成学　三井秀樹
1741 美学への招待（増補版）　佐々木健一
2713 「美味しい」とは何か　源河　亨
2849 書とはどういう芸術か（増補版）　石川九楊
2764 教養としての建築入門　坂牛　卓
118 フィレンツェ　高階秀爾
2771 カラー版 美術の愉しみ方　山梨俊夫
385 386 カラー版 近代絵画史（増補版）（上下）　高階秀爾
2718 カラー版 キリスト教美術史　瀧口美香
1781 マグダラのマリア　岡田温司
2369 天使とは何か　岡田温司
2708 最後の審判　岡田温司
2776 バロック美術　宮下規久朗
2292 カラー版 ゴッホ〈自画像〉紀行　木下長宏

2513 カラー版 日本画の歴史 近代篇　草薙奈津子
2514 カラー版 日本画の歴史 現代篇　草薙奈津子
2478 カラー版 横山大観　古田　亮
1827 カラー版 絵の教室　安野光雅
2562 現代美術史　山本浩貴
1103 モーツァルト　H・C・ロビンズ・ランドン　石井　宏訳
1585 オペラの運命　岡田暁生
1816 西洋音楽史　岡田暁生
2630 現代音楽史　沼野雄司
2009 音楽の聴き方　岡田暁生
2606 音楽の危機　岡田暁生
2745 バレエの世界史　海野　敏
2702 ミュージカルの歴史　宮本直美
2395 ショパン・コンクール　青柳いづみこ
1854 映画館と観客の文化史　加藤幹郎
2569 古関裕而―流行作曲家と激動の昭和　刑部芳則
2818 昭和歌謡史　刑部芳則

2694 日本アニメ史　津堅信之
2247 2248 日本写真史（上下）　鳥原　学

中公新書

地域・文化・紀行

t2

560 文化人類学入門（増補改訂版） 祖父江孝男
2315 南方熊楠《みなかたくまぐす》 唐澤太輔
2367 食の人類史 佐藤洋一郎
92 肉食の思想 鯖田豊之
2129 カラー版 地図と愉しむ東京歴史散歩 竹内正浩
2170 カラー版 地図と愉しむ東京歴史散歩 都心の謎篇 竹内正浩
2227 カラー版 地図と愉しむ東京歴史散歩 地形篇 竹内正浩
2327 カラー版 イースター島を行く 野村哲也
1869 カラー版 将棋駒の世界 増山雅人
2117 物語 食の文化 北岡正三郎
596 茶の世界史（改版） 角山栄
1930 ジャガイモの世界史 伊藤章治
2088 チョコレートの世界史 武田尚子
2361 トウガラシの世界史 山本紀夫
2229 真珠の世界史 山田篤美
1095 コーヒーが廻り世界史が廻る 臼井隆一郎
1974 毒と薬の世界史 船山信次
2391 競馬の世界史 本村凌二
2755 モンスーンの世界 安成哲三
650 風景学入門 中村良夫